O VOO DAS BORBOLETAS

O VOO DAS BORBOLETAS

SIMONE TEBET

Copyright © Editora Manole Ltda., 2024, por meio de contrato com a autora.
Amarylis é um selo editorial Manole.

Produção editorial: Lívia Oliveira
Edição e entrevistas: Alexandra Martins
Projeto gráfico: Departamento Editorial da Editora Manole
Diagramação miolo: Amarelinha Design Gráfico
Arte da capa: D4G
Criação e direção da capa: Rafael Pera
Foto da capa: Antonio Brasiliano
Tratamento de imagem da capa: Luciano Custódio

CIP-BRASIL. CATALOGAÇÃO NA PUBLICAÇÃO
SINDICATO NACIONAL DOS EDITORES DE LIVROS, RJ

T25v

Tebet, Simone
O voo das borboletas / Simone Tebet. – 1. ed. – Barueri [SP]: Amarilys, 2024.
168 p.; 23 cm.

ISBN 9788520468302

1. Tebet, Simone, 1970-. 2. Políticos – Brasil – Biografia. 3. Ministros de Estado – Brasil – Biografia.
I. Título.

24-94621

CDD: 320.092
CDU: 929:32(81)

Gabriela Faray Ferreira Lopes – Bibliotecária – CRB-7/6643
10/10/2024 14/10/2024

Todos os direitos reservados. Nenhuma parte deste livro poderá ser reproduzida,
por qualquer processo, sem a permissão expressa dos editores.
É proibida a reprodução por fotocópia.
Toda marca registrada citada no decorrer deste livro possui direitos reservados
e protegidos pela Lei de Direitos Autorais 9.610/1998 e outros direitos.

A Editora Manole é filiada à ABDR – Associação Brasileira de Direitos Reprográficos

Reimpressão – 2024

Editora Manole Ltda.
Alameda Rio Negro, 967 – CJ 717
Barueri/SP
CEP: 06454-000
Fone: (11) 4196-6000
www.manole.com.br | https://atendimento.manole.com.br/

Impresso no Brasil
Printed in Brazil

Às mulheres brasileiras (independentemente de idade, cor, etnia, credo, religião, cultura, costume, origem ou posicionamentos político e ideológico), pelo incentivo, pelas orações, pela palavra amiga, pelo abraço fraterno, pela energia contagiante, pelas mensagens de afeto e pela crítica construtiva.

O poeta nos ensina que o caminho se faz ao caminhar. Acrescento, apenas, que os caminhos serão tanto mais fecundos quanto mais forem compartilhados.

Durante o processo de edição desta obra, foram tomados todos os cuidados para assegurar a publicação de informações técnicas, precisas e atualizadas conforme lei, normas e regras de órgãos de classe aplicáveis à matéria, incluindo códigos de ética, bem como sobre práticas geralmente aceitas pela comunidade acadêmica e/ou técnica, segundo a experiência do autor da obra, pesquisa científica e dados existentes até a data da publicação. As linhas de pesquisa ou de argumentação do autor, assim como suas opiniões, não são necessariamente as da Editora, de modo que esta não pode ser responsabilizada por quaisquer erros ou omissões desta obra que sirvam de apoio à prática profissional do leitor.

Do mesmo modo, foram empregados todos os esforços para garantir a proteção dos direitos de autor envolvidos na obra, inclusive quanto às obras de terceiros e imagens e ilustrações aqui reproduzidas. Caso algum autor se sinta prejudicado, favor entrar em contato com a Editora.

Finalmente, cabe orientar o leitor que a citação de passagens da obra com o objetivo de debate ou exemplificação ou ainda a reprodução de pequenos trechos da obra para uso privado, sem intuito comercial e desde que não prejudique a normal exploração da obra, são, por um lado, permitidas pela Lei de Direitos Autorais, art. 46, incisos II e III. Por outro, a mesma Lei de Direitos Autorais, no art. 29, incisos I, VI e VII, proíbe a reprodução parcial ou integral desta obra, sem prévia autorização, para uso coletivo, bem como o compartilhamento indiscriminado de cópias não autorizadas, inclusive em grupos de grande audiência em redes sociais e aplicativos de mensagens instantâneas. Essa prática prejudica a normal exploração da obra pelo seu autor, ameaçando a edição técnica e universitária de livros científicos e didáticos e a produção de novas obras de qualquer autor.

Não venci todas as vezes que lutei, mas perdi todas as vezes que deixei de lutar.

Cecília Meireles

SUMÁRIO

Prefácio XI

Apresentação XVII

Introdução 1

1. Liberdade para que possamos tecer o nosso destino 5

2. Onde (e como) tudo começou 11

3. A minha fase "crisálida" e as primeiras portas entreabertas . 18

4. O Senado Federal e os percalços no caminho: do timbre
   masculino ao grito das mulheres 28

5. A CPI da Covid como exemplo típico da importância de
   mais mulheres na política 39

6. A Frente Democrática e o lado certo da história 80

7. A minha candidatura à Presidência do Brasil: uma
   caminhada de espinhos, mas também de flores 87

8. Encontros e despedidas 96

   Com amor e coragem 98

Manifesto ao povo brasileiro. 105

União, pacificação, reconstrução. 109

9. Mensagem às "crisálidas" 118

10. Carta às mulheres brasileiras. 121

11. Ministério do Planejamento e Orçamento: uma carta para o futuro do Brasil 125

12. Decálogo da (e para a) mulher. 142

PREFÁCIO

Ser mulher é um fazer toda a vida. Destino de homem – pelo menos em momento histórico anterior – estava feito desde o nascimento. Talvez o da mulher também estivesse, porém não era um feito pensando no que ela quereria ou poderia ser, mas no que não poderia e, por isso, nem adiantava querer. Isso de "querer ser feliz" era luxo ou bobagem. Trivialidades de quem pensava... E nem se imaginava que mulher pudesse pensar, menos ainda em si mesma.

Nas histórias de matriz religiosa, em geral se narra ter sido a mulher criada para o homem. Era parte até mesmo física dele. Sua costela! Parte de outra vida, que não a sua, afinal criada para ser "a companheira". Era o que dela se esperava mais que tudo: ser companheira de alguém. Sem reciprocidade ou necessidades pessoais. Seu dever de cuidar e "sustentar" o outro. Afinal, "atrás de um grande homem sempre haveria... uma mulher!" O dito era repetido como se fora um elogio a essa que ficava sempre atrás.

Não apenas o homem, mas também a mulher acreditou que a ela estava reservada um lugar: atrás de alguém. Nascida para ser sombra.

Como ser humano é luz, embora cada qual guarde alguma sombra interna, a mulher esgueirou-se no curso parcimonioso de passos tantas vezes silenciosos para fazer-se claridade. Não é que não seja mais solombra, como diria Cecília Meireles. Mas queremos o sol na cabeça pela estrada que percorrermos.

Homem – dizia-se – é feito para grandes obras. Um nascia para médico, o outro para inventor, outro para a política. Mulher era para se casar, procriar e, então, morrer.

Nem vítima, nem culpada por ser o que é, a mulher apruma-se. Responsável é como se tem mostrado historicamente. Vai-se tornando ser pleno numa história preguiçosa e lerda, mas inestancável. Pelo silêncio engolindo dores para salvar-se a si e aos seus afetos, pelo grito estalado no ouvido surdo de homens e instituições carentes de verdadeira vontade de mudar, a mulher movimenta-se para humanizar-se e tornar todos os seres humanos titulares da igual dignidade de viver e ajudar outros a melhor viverem.

Construiu-se a sociedade e institucionalizou-se o poder do Estado em estruturas impermeáveis, até há pouco tempo, para a mulher.

Não era questão de cuidado dedicado a ela. Era só questão de poder que não se quer repartir. Não era para sua proteção, menos ainda da mulher, esse "bicho esquisito, que todo mês sangra", no verso de Rita Lee.

Quase igualada a um bichinho, a mulher foi reduzida, desvalorizada, desamada sob o signo da exposição de vitrine sem vida. Por isso há ainda, doentiamente, quem continue a matá-la por ser o que ela é: um ser humano íntegro buscando se fazer feliz. Mas há, ainda, também, loucamente, os que defendem o feminicídio afirmando que "pelo seu comportamento, a vítima (do feminicídio) procurou o suicídio por mãos alheias. O réu deve, pois, ser absolvido!". Não foi defesa de tempos idos, senão de advogado em júri, no Brasil, em momentos recentíssimos!

Nunca foi fácil ser mulher em mundo feito para ela ser dele excluída. Mata-se quando ela descumpre e "desonra" o homem a quem "deve obediência". Uma afronta, abandonar seu algoz ou preferir outra vida que não a dele ou com ele!

Forçada ao silêncio e ao obséquio, a mulher foi educada durante séculos para não ser.

Impedida de frequentar bibliotecas, estar em faculdades ou exercer profissões "masculinas", permitiu-se fosse professora (de grupo escolar, o cuidar da criança!, como se fosse pouco; e sabe-se que é muito e necessário!) ou enfermeira, se tanto! Profissões honradas e necessárias, apenas não bastantes na pluralidade de vocações segundo o talento de cada pessoa. Mas à mulher não se reservava escolha: de casa para o trabalho e, na volta, passando pela padaria ou mercado para os afazeres domésticos.

Elucidado de vez o preconceito matador, esclareceu-se ser mais simples a equação: poder não se divide, menos ainda com alguém "tão desigual"! E incontrolável como é a mulher, podia-se afirmar. Porque o que não se controla, desestabiliza. E aí pode mudar tudo. E não se quer o poder partilhado, a vontade compartilhada. Menos ainda com alguém tão diferente do homem.

Neste livro, uma brasileira que não acreditou no que lhe reservara essa sociedade machista e preconceituosa expõe o que pode ser cada uma e todas as brasileiras.

Simone Tebet conta-se em exposição de percurso muito distante ainda do apogeu. Sua senda vai se fazendo no espaço do poder estatal. Elabora-se com os percalços que são do viver humano, mas que ela retraça em bordados que desenha em novos matizes, agora riscados pelo que lhe vai no ideal de servir para o benefício de todas as pessoas.

Mostra-se, no escrito cuidadoso, o romper da estrutura posta à revelia feminina, cunhada pelos e para os homens. As instituições estatais foram montadas, mais recentemente, não para a ausência feminina absoluta, mas para uma presença que não é para participar – ser parte e partícipe – e sim para ser exibida como se preconceito não houvesse. Tem ficado mais difícil afirmar preconceitos contra a mulher, embora a discriminação persista, em alguns casos mais forte do que nas décadas de 80 e 90 do século XX.

Simone Tebet não aceitou o faz de conta! Não quis apenas estar no Salão Nobre do Senado, mas ser presença ativa nos espaços de poder estatal. Resolveu protagonizar e agora narra a senda percorrida até aqui, ainda com largas veredas a seguir.

Fez escolhas de óbvia importância política. Dificultou sua caminhada pessoal? Melhorou a de todas as mulheres que vão na mesma rota aberta por ela, na sequência de algumas poucas que vieram antes. Não esperou que lhe abrissem as portas, empurrou as que estavam entreabertas, de deputada estadual no Mato Grosso do Sul, como prefeita, duas vezes, de Três Lagoas até chegar ao Senado da República. Fez-se exemplo de altivez com moderação e prudência, de respeito às diferenças e firmeza contra as agressões, mostrando o que pode fazer a diversidade que o feminino introduz nas relações políticas, sociais e econômicas.

Candidata a Presidente da República, desincomodou-se pela menção feita de que seria titular de candidatura tendente à desistência em meio à campanha. Mostrou o vigor de sua convicção: foi até o final do que o eleitorado lhe reservou e honrou sua palavra com aqueles que nela votaram. Não é pouco nestes estranhos tempos em que a honradez da palavra desmerece o próprio autor da fala. Que não se dá ao respeito e proclama o que sua conduta desmente no momento seguinte. Não assim a autora deste livro-testemunho.

A desigualdade de gênero tem sua semente germinada na explosão da violência que, no Brasil, mostra-se epidemia sociopolítica devastadora e cruel. Não será superada, contudo, sem que todas as pessoas – mulheres e homens – acreditem que essa não é a forma democrática nem digna de viver com o outro, de conviver em paz e na busca da felicidade pessoal e política.

Desenrola-se o cordão da vida feminina neste traçado que há de comportar a presença de cada uma e de todas as mulheres, que se sabe não ser de maciez e calma, senão força e fé. Sempre parecendo certo que cada nó que se desfaz representa mais uma conquista.

Volto com a roqueira-mor brasileira, que proclamou há quase quarenta anos: "Gata borralheira / Você é princesa / Dondoca é uma espécie em extinção!"

Talvez Simone Tebet pudesse ecoar que cada mulher é princesa de seu próprio reino, construído desde seu próprio ideal de dignidade e valor humano, sem precisar de quem quer que seja para despertá-la, bastando o seu acordar interno para ser o que se quer e o externo para o bem de toda a humanidade. Na República cabem todos os reinados de dignidade e cidadania.

O livro de Simone Tebet ajuda o amanhecer dos direitos de todas as pessoas, ainda tingido de cores fortes da misoginia e do preconceito. Principalmente, sua vida exposta fortalece a convicção de toda mulher de que a colheita será mais farta se a semeadura tiver grãos entrelaçados a produzirem novos frutos para que os sabores do viver em união sirvam a todos os gostos das humanas gentes.

Belo Horizonte, primavera de 2024.
Cármen Lúcia Antunes Rocha

APRESENTAÇÃO

As mulheres e os tempos

O Eclesiastes nos ensina: "Tudo tem o seu tempo determinado, e há tempo para todo o propósito debaixo do céu. Há tempo de nascer, e tempo de morrer; tempo de plantar, e tempo de arrancar o que se plantou; [...] tempo de derrubar, e tempo de edificar; tempo de chorar, e tempo de rir; tempo de prantear, e tempo de dançar."

Em um dos seus textos, Simone compara os tempos da vida das mulheres com os tempos das borboletas, desde os ovos, passando pelas larvas, até chegar à plenitude das borboletas adultas.

Como mãe, tive o privilégio de acompanhar todos os tempos da Simone, desde a menina que descobria o mundo com olhos espantados até o momento atual, no qual, em sua plena maturidade como mulher, alça voos cada vez mais altos na vida pública que escolheu como seu campo de trabalho.

Voltemos um pouco no tempo.

Sendo mãe da Simone, sou, evidentemente, testemunha privilegiada da sua história. E me orgulho de ter dado os pigmentos das tintas que correm nas suas veias. Desconfio hoje que, quando menina, ela trocou as cordas vocais pelos tímpanos, por uma questão de estratégia. É que seu pai, Ramez Tebet, então advogado e professor, já ensaiava a carreira política que, pouco tempo depois, o levaria à prefeitura da nossa cidade, Três Lagoas, Mato Grosso do Sul. Ela ouvia as conversas dos amigos do pai que passavam por nossa casa. E ela percebia que eram, quase sempre, somente vozes masculinas as que discutiam política. Tenho a firme, e agora lógica, impressão de que isso já a incomodava, desde muito cedo.

A sensibilidade aguçada, própria das mulheres (e contando com o aval do orgulho do pai), também me instigou a liberar as amarras da Simone, para que ela pudesse participar, ainda "pré-adolescente" para a época, dos movimentos políticos que ocupavam ruas e praças de todo o país, pelo voto direto nas eleições para presidente da República, pelo fim do regime de exceção e pela instalação de uma Assembleia Constituinte. Lembro-me do ar de satisfação no seu semblante juvenil, quando retornava daqueles movimentos democráticos. Mas eu me lembro, também, do quanto ela já se incomodava ao perceber que os palanques eram, na sua imensa maioria, igualmente repletos de figuras masculinas. Porém ela percebia que, na plateia, o timbre feminino fazia o seu melhor eco. E que as mulheres gritavam cada vez mais alto, diversificando assim a voz rouca das ruas.

Esses movimentos também ecoaram nela mesma, no seu "coração de estudante". Estou certa de que ali foi lançada a semente política na vida da Simone.

Ela cresceu e se deu conta de que, para mudar uma realidade arquitetada pela injustiça, teria de arregimentar as forças da união entre as mulheres, e que isso somente seria possível, diretamente, por meio da ocupação de espaços institucionais na política. Não terá sido à toa que ela percorreu os mesmos caminhos do pai, antes de entrar, oficialmente, na carreira política. Ela queria conhecer primeiro esses caminhos, seus percalços e suas barreiras, para melhor trilhá-los, adiante, na companhia de muitas outras mulheres. A mesma faculdade de Direito, professores que antes eram colegas de sala do pai, a área de concentração em Direito Público, e assim ela foi.

E assim ela foi prefeita da sua cidade natal, depois de um tempo de "estágio político" nas salas de aula, como professora, sempre das cadeiras ligadas à questão pública. Esse início da concretude da política na vida da Simone mereceu passagem privilegiada nesta publicação. Não pretendo antecipar o que virá nas páginas que se seguem, mas, no meu conceito, o carimbo principal para a aprovação popular da sua administração veio com a reeleição, quando ela, novamente, obteve a imensa maioria de votos.

A prefeitura de Três Lagoas foi o puxão do manete para voos mais altos. Deputada estadual, vice-governadora, senadora, agora ministra. Por tudo o que vi, ouvi e senti durante esse período, eu sempre achei que ela merecia um livro no qual tratasse de si própria. Que ela mesma falasse de suas emoções, de suas contrariedades, e pudesse dizer, a todas as outras mulheres, como conseguiu transpor as barreiras impostas em um ambiente muitas vezes desenhado com traços de misoginia.

Mas ela não se contenta, apenas, com relatos dos percalços que encontrou pelo caminho. Ela identifica, e demarca, novos caminhos para as outras mulheres. Ouso dizer que esta publicação é uma espécie de megafone. Que a sua primeira "caminha", a do berçário, deixou de lado as aspas e virou verbo conjugado no plural e no necessário imperativo, seguido por um ponto de exclamação: Caminhemos! Caminhemos, juntas!

Que este livro se transforme em um novo berçário de lutas e de conquistas.

Minha sensibilidade feminina me diz que, finalmente, depois de um longo e tortuoso processo histórico, chegou o tempo das mulheres. E é com alegria e orgulho que vejo a minha filha, no esplendor de sua maturidade, navegando nesse tempo. Não é mais uma menina de olhos espantados, mas uma mulher adulta e corajosa, que encara o vasto mundo e está disposta a lutar para transformá-lo.

Ambas sabemos, no entanto, que, em algum lugar no fundo do meu coração (espero que também no dela), aquela menina permanecerá viva para sempre.

De minha parte, para que pudesse deixar escorrer a minha emoção, digo que escrevi essas linhas (mal ou bem traçadas, não me importa neste momento) "a caneta", para que a tinta, que escorre sobre o papel, e que muitas vezes "dançou" movida pela emoção, seja algo assim como a continuidade renovada do meu sangue.

Assino como mãe e como mulher.

Fairte Nassar Tebet
Mãe da Simone, da Eduarda,
do Rames e do Rodrigo Tebet

INTRODUÇÃO

Alegrava-me saber que, em minha pequeneza de córrego ou de riacho, eu também contribuíra, e contribuía ainda, para formar esse invencível corpo coletivo, alegre e líquido que, finalmente, após uma longa marcha, alcançava a sua foz.

Primeiro de janeiro de 2023. Após uma semana inteira de chuvas intensas, um céu claro iluminava os amplos espaços geométricos de Brasília, desenhados por Oscar Niemeyer. Em algumas horas, o presidente Lula tomaria posse. Mais tarde, eu iria me dirigir, mais uma vez, à Praça dos Três Poderes, minha casa nos últimos oito anos, onde seria empossada como Ministra do Planejamento e Orçamento do novo governo, em nome da ampla frente política que o elegeu. Nosso maior desafio seria unir e reconstruir o Brasil, após quatro anos de incompetência, incúria e descaso institucionalizado, de discursos de ódio, de misoginia e de todo tipo de discriminação. Enfim, de desrespeito ao povo, às leis e à democracia.

Ainda em casa, contemplei, pela televisão, a marcha multicolorida da crescente multidão que, vinda de vários cantos do país e dos diferentes pontos da cidade, se encaminhava para a Esplanada dos Ministérios, como afluentes menores que se encontram para formar o corpo de um grande rio. Mais do que as cores das bandeiras que muitos carregavam aos ombros, ou faziam tremular ao vento, comovia-me a diversidade daqueles que percorriam as ruas como se construíssem, finalmente, o seu destino. Brancos, pretos, pardos, a maioria jovens, outros nem tanto. Quanto colorido étnico, quantos sotaques, quantas culturas locais. O Brasil se reencontrando consigo mesmo, vencendo um pesadelo que pareceu, muitas vezes, interminável.

Interminável, muito mais, para as mulheres que ainda se escondem sob o manto do medo, e para aquelas que ainda são discriminadas em tudo na vida, e que, ali, mostravam, enfim, a força do timbre agudo das suas vozes. Minha filha mais velha estava lá, anônima, no meio daquela multidão, celebrando a vida, a liberdade, a democracia. Como mulher, eu me vi ali. Eu me senti ali, carregando aquelas bandeiras. Alegrava-me saber que, em minha pequeneza de córrego ou de riacho, eu também contribuíra, e contribuía ainda, para formar esse invencível corpo coletivo, alegre e líquido que, finalmente, após uma longa marcha, alcançava a sua foz.

Lembrei-me, mais uma vez, das palavras imortais de Ulysses Guimarães no ato de promulgação da nova Constituição, tão ameaçada nos últimos anos:

"Chegamos! Esperamos a Constituição como o vigia espera a aurora. Bem-aventurados os que chegam. Não nos desencaminhamos na longa marcha, não nos desmoralizamos capitulando ante pressões aliciadoras e comprometedoras, não desertamos, não caímos no caminho."

Chegamos. Mas o momento da chegada é propício para reavaliar as etapas já percorridas, antes de nos lançarmos às novas jornadas que nos esperam, porque, sabemos, ainda há muito o que caminhar. Reavaliar para que não nos esqueçamos. Para gravarmos, no fundo de nossas almas, as lições que aprendemos. Avaliar para não mais cometermos os mesmos erros, aqueles que nos empurraram ao precipício do negacionismo à ciência e à vida.

Nesse novo ponto de encontro, ou de reencontro, ouso pedir um aparte remoto ao Dr. Ulysses: Caminhei! Caminhei por caminhos difíceis. Sofri, como sofrem todas as mulheres que ousam trilhar o caminho público da política. Enfrentei humilhação, abandono, traição, mas jamais me desencaminhei na longa marcha. Não desertei da dura luta. Confesso que caí algumas vezes. Mas o seu exemplo e o seu legado, assim como o de alguns homens públicos que admiro, como o meu pai, me devolveram a força e a coragem para me levantar e seguir a nossa travessia comum, rumo ao Brasil de todos os nossos sonhos.

Este registro da minha travessia é dedicado às mulheres brasileiras porque, principalmente para nós – sabemos todas, apesar do muito que já avançamos –, ainda nos aguardam os desafios do mar aberto, com suas tempestades e suas calmarias.

Que estas reflexões possam servir de aprendizado de como ultrapassá-las, do mesmo modo como, juntas, aprendemos a fazer o nosso caminho ao caminhar, e chegarmos até aqui. Porém também aqui, lanço um recado aos desavisados: ao contemplar o caminho percorrido, não recuaremos. Seguiremos em frente, pois também aprendemos, com Fernando Pessoa, que navegar é preciso, conscientes de que a vida só vale a pena quando há coragem de revisitar o passado, para encontrarmos nele as chaves que abrirão as portas do futuro. Ou com Paulo Freire, patrono da Educação brasileira, para quem "Nós, mulheres e homens, viramos seres, na história. Seres que não prescindem do amanhã. Nós somos seres em busca sempre de um amanhã que, por sua vez, não está ali, à espera da gente, mas que é o resultado do que a gente faça pela transformação do presente que a gente vive, com a iluminação do ontem que a gente viveu. Ora, se nós somos seres incapazes de abandonar a perspectiva do amanhã que tem que ser feito por nós, como tirar, da nossa experiência histórica, o sonho?".

Eis, portanto, o meu testemunho. Se ele servir de exemplo para que mais mulheres saiam do casulo, se transformem em borboletas e voem, realizando os seus melhores sonhos, terei cumprido a minha missão.

1

LIBERDADE PARA QUE POSSAMOS TECER O NOSSO DESTINO

Enquanto não nos dermos conta da força da nossa voz, reforçada pelo maior número de mulheres na política, ela, a política, continuará a produzir sua própria violência, que engloba agressão verbal, física, psicológica, econômica, simbólica ou sexual. O principal alvo de ataque é a nossa dignidade.

Como sabemos, as borboletas passam por várias fases ao longo da vida, até atingirem a plena maturidade. Primeiro, é ovo; depois, lagarta; depois, crisálida; e, por fim, borboleta. Poucas semelhanças existem entre a borboleta adulta e a lagarta que a precedeu; por isso, muitas vezes, parecem-nos seres de espécies diferentes.

Resumindo: ninguém nasce borboleta, mas torna-se uma, fabricando a si mesma ao percorrer uma longa jornada de evolução.

Isso me foi dito por uma jovem, que me enviou um texto comovente, guardado para sempre nos arquivos das minhas melhores lembranças, recapitulando as várias fases da minha carreira pública e estabelecendo um paralelo com a trajetória de múltiplas metamorfoses das borboletas.

Foi-me impossível não recordar, então, a frase célebre de Simone de Beauvoir, escritora, intelectual, filósofa existencialista, ativista política, feminista francesa – e fonte de inspiração do meu pai na escolha do meu nome –, no seu livro *O Segundo Sexo*: *"Ninguém nasce mulher: torna-se mulher."*

Em outros trechos do livro, Simone esclarece o sentido dessa fórmula lapidar. Diz ela, por exemplo:

"Ora, o que define de maneira singular a situação da mulher é que, sendo, como todo ser humano, uma liberdade autônoma, descobre-se e escolhe-se num mundo em que os homens lhe impõem a condição do Outro. Pretende-se torná-la objeto, voltá-la à imanência, porquanto sua transcendência será perpetuamente transcendida por outra consciência essencial e soberana. O drama da mulher é esse conflito entre a reivindicação fundamental de todo sujeito que se põe sempre como o essencial e as exigências de uma situação que a constitui como inessencial. Como pode realizar-se um ser humano dentro da condição feminina? Que caminhos lhe são abertos? Quais conduzem a um beco sem saída? Como encontrar a independência no seio da dependência? Que circunstâncias restringem a liberdade da mulher, e quais pode ela superar?"

Uma das características da escrita (e do pensamento) de Simone de Beauvoir é a sua precisão vocabular. Esta é justamente a palavra, e a palavra justa: liberdade. Liberdade para ser o que se é e para tecer o próprio destino num mundo que foi construído, em larga medida, para tolher essa liberdade.

No mundo em que vivemos, por exemplo, o espaço da política, o espaço público, nunca foi um espaço confortável para as mulheres, e isso não é acidental. Quando se estabeleceu a divisão de trabalho entre os sexos, milênios atrás, os homens reservaram para si o espaço da política e do poder, o espaço da História, com H maiúsculo, e as mulheres foram confinadas ao espaço doméstico, ao cuidado da casa e dos filhos – e também dos doentes e dos idosos, enquanto aos homens cabia o comando dos jovens guerreiros e conquistadores de todas as espécies.

O que causa indignação é que determinadas situações ainda persistiram no tempo, e se repetem no milênio, no século, no ano, no mês, no dia de hoje. Ou nas últimas horas. Basta dizer que as estatísticas do agora mostram a triste realidade de que a cada seis minutos ocorre um estupro no Brasil, sendo mais de 60% contra menores de 13 anos. A cada seis horas, em média, uma mulher é morta no País. pelo simples fato de ser mulher, o que pode significar, para muitas delas, que o processo civilizatório parou no tempo. Ou que, avançando sobre elas, tirou-lhes, até mesmo, a liberdade de ser.

Triste realidade em que a mulher, repetindo Beauvoir, ao *encontrar a independência no seio da dependência*, torna-se mulher, mas morre exatamente por ser mulher.

Para que possamos nos livrar desse retrocesso civilizatório, é preciso que a mulher ocupe agora, cada vez mais, os espaços públicos, em especial nos campos da política. E que lute pelos seus direitos mais essenciais. Entre eles, exatamente o de ser mulher. O de ter a liberdade de, ao nascer, tornar-se mulher, em todos os aspectos da vida. E de vivê-la, intensamente, com a liberdade que a faça feliz e realizada como ser.

É preciso ter consciência, entretanto, de que, para a mulher, o mundo da política também não tem sido de caminhos fáceis. Ao permanecer calada, ela estará legitimando o machismo que ainda impera na política. Isso aconteceu comigo, até que eu decidisse "pôr" um basta, embora sabendo que, ao elevar um único decibel além de um mero sussurro ou do silêncio, eu seria chamada, como fui, de histérica ou descontrolada. Isso me exigiu, reiteradamente, recorrer ao mesmo basta, no mesmo tom e com os mesmos decibéis das provocações.

Nasci tímida e reservada. Continuo assim, sensível às coisas da vida, mas jamais fragilizada. O que sempre me moveu foi a indignação. E a indignação me deu coragem para entrar no mundo da política.

Enquanto não nos dermos conta da força da nossa voz, reforçada pelo maior número de mulheres na política, ela, a política, continuará a produzir sua própria violência, que engloba agressão verbal, física, psicológica, econômica, simbólica ou sexual. O principal alvo de ataque é a nossa dignidade. Ao nos deslegitimar, tentam impedir ou restringir o nosso acesso ao exercício das funções públicas. A arma comum é a disseminação do discurso de ódio e conteúdo ofensivo contra mulheres eleitas, candidatas, pré-candidatas ou designadas para exercer papel de representação pública ou política. O objetivo é desestabilizar a nossa ação; suspender, interromper ou restringir o pleno exercício da nossa atividade. Amedrontar-nos. Calar a nossa voz, para que continuemos a não ter vez. E isso tem nome: violência psicológica.

Vivi, intensamente, muitas dessas experiências discriminatórias, que foram muito além do desagradável, porque elas atingem o patamar da violência política. Caminham na contramão do processo civilizatório.

A época moderna testemunhou muitas revoluções, algumas vitoriosas, outras fracassadas. A mais vitoriosa de todas, e a que mais abre perspectivas para o futuro, enquanto processo civilizatório, é aquela que ainda está em curso, com avanços e recuos, e com diferentes intensidades nas várias partes do mundo; aquela da qual todas fazemos parte, e que, tenho a convicção, não pode mais ser derrotada ou silenciada: a revolução feminina. Do ponto de vista jurídico, não há dúvidas quanto ao título de vitoriosa, se não, vejamos. Há cobertor jurídico hoje contra crimes de estupro, violação sexual, assédio sexual, importunação sexual, tráfico de pessoas para fins de exploração sexual e molestamento sexual. A nomenclatura foi estendida, e isso deve ser comemorado.

Um toque, um beijo, um enquadro à força não recebiam tipificação. Eram assuntos que iam para debaixo do tapete com muito mais frequência, porque nos dava vergonha expor humilhação tão degradante, misturada a medo, desconhecimento, vulnerabilidade e toda sorte de fatores dos quais uma sociedade machista ainda hoje se alimenta. Contudo, essa revolução somente será moldada em um regime democrático, porque ele é o único que propicia um ambiente adequado para as lutas contra as desigualdades, sejam elas quais forem. As desigualdades de raça, de classe, de gênero, as desigualdades regionais e econômicas – todas (e cada uma delas) só podem ser enfrentadas e combatidas a partir de um Estado que garanta os direitos de livre associação e de livre manifestação do pensamento. Por isso, é muito natural que eu tenha me perfilado, desde o primeiro momento, ao lado dos defensores da democracia no Brasil.

É esse ambiente que, resgatado nas últimas eleições, propiciou a sanção, pelo presidente Lula, no dia 3 de julho de 2023, da nova lei (PL 1.085/2023) que propicia à mulher o direito a receber remuneração igual por trabalho igual ao exercido pelos homens. Digo "nova" porque, apesar de ela já existir no nosso aparato legal, suas penalidades eram tão brandas que valia mais a pena não cumprila. Realidade que agora mudará, com a fiscalização mais presente do Ministério do Trabalho, a criação de um "disque-denúncia" e a multa equivalente a dez vezes o valor do novo salário devido, dobrada em caso de reincidência.

Realidade também já mudada, quando o Tribunal Superior Eleitoral decidiu que, além da obrigatoriedade de os partidos reservarem, no mínimo, 30% do total das candidaturas às mulheres, esse mesmo percentual deve ser estendido ao volume dos recursos do Fundo Especial de Financiamento de Campanha e à parcela do Fundo Partidário destinada às eleições, assim como ao tempo de propaganda de rádio e televisão, obviamente que sem as artimanhas das candidaturas laranjas, ou de quaisquer outros artifícios que possam burlar o atendimento a essa exigência legal. Artifícios que poderão ser suprimidos, quando o Congresso Nacional retomar os termos da minha proposta, apresentada em 2020, que altera a Lei dos Partidos Políticos para prever, também, uma cota mínima de 30% de mulheres na composição dos órgãos partidários de direção, de assessoramento e de apoio, bem como nos institutos e fundações. Se garantirmos espaço efetivo ao olhar feminino dentro dos partidos, teremos mais equilíbrio e condições de mudar ou redirecionar o rumo da política. É voz comum que nossa luta somente estará fortalecida quando alcançarmos uma representação parlamentar mínima de 30% com cadeiras cativas, estabelecida por lei, em todos os níveis de governo. Digo mínima porque o mais correto é que esse percentual seja acima de 50%, pois é essa a participação das mulheres no total da população e dos eleitores brasileiros.

Entretanto, essa mesma luta por direitos e por maior participação na vida pública não impede que cuidemos do outro lado da nossa condição feminina, que encontra especial manifestação no cuidado da família e na criação dos filhos. Continuaremos dedicando, a esse lado mais íntimo da vida, o mesmo cuidado que dedicaremos ao outro lado, mais público e visível.

O que quero dizer é isto: viver plenamente os dois lados da vida e da feminilidade, o lado privado e o lado público, sem considerá-los opostos, mas complementares. Sem qualquer um deles, seremos seres humanos incompletos. E é a essa mesma completude da vida que eu tenho me dedicado, da minha vida e de todas as mulheres a quem eu possa servir de exemplo.

2

ONDE (E COMO) TUDO COMEÇOU

Foi o primeiro lugar que meus olhos viram, e serviria de modelo para tudo o mais que viesse a ver e conhecer, que sempre avaliei e medi pelas réguas e compassos que me deram as ruas, as praças e os quintais da minha terra.

Nasci em Três Lagoas, Mato Grosso do Sul. Ali dei meus primeiros passos. Para meus olhos e coração de criança, a minha cidade era maior do que o mundo inteiro, maior do que as grandes metrópoles de que falavam os adultos, maior do que qualquer um daqueles reinos, reais ou imaginários, que povoavam nossos livros coloridos. Livros que eram de ler, de pintar e de ligar os pontos até que se formasse a imagem de uma pessoa, um animal, uma outra cidade, uma paisagem, um outro mundo.

Foi o primeiro lugar que meus olhos viram, e serviria de modelo para tudo o mais que viesse a ver e conhecer, que sempre avaliei e medi pelas réguas e compassos que me deram as ruas, as praças e os quintais da minha terra.

Ali estavam as primeiras pessoas que amei e que me ensinaram a amar: avós, pai, mãe, irmãos, tios e tias, primos e primas, depois colegas de escola e amigos da mesma idade, que compartilhavam comigo as descobertas e os encantamentos que Três Lagoas tão generosamente nos oferecia.

Um dos entretenimentos das crianças daquele meu tempo, depois do dever de casa, era pedalar, nos "horários de trem", até a velha estação ferroviária, construída no início do século. Quem sabe aquele nosso trajeto fosse um voltar constante na história, porque Três Lagoas nasceu com o "Trem Noroeste do Brasil". Naqueles vagões, eram muitas as fisionomias que estampavam a esperança por uma nova terra, uma nova vida. Eram muitos os sotaques daquelas famílias inteiras, que deixaram seus mundos e seus quintais, e partiram rumo ao ainda desconhecido, em vapores vagarosos e lotados, aportando primeiro em Santos, depois seguindo trilhos de destinos diversos, para o Sul do Brasil ou cidades do interior de São Paulo. Vinham dali, do outro lado da nossa fronteira com terras paulistas, aqueles que, somados a muitos outros vindos de todas as regiões do Brasil, fincariam novas moradas em Três Lagoas, visionários talvez do crescimento daquele lugar de terras férteis, às margens do Rio Paraná.

Contudo, dali também seguiam os outros tantos que buscavam outras estações. Quem sabe no Paraguai ou na Bolívia, "rumo a Santa Cruz de La Sierra", como na bela canção de Almir Sater, um dos nossos mais conhecidos conterrâneos. Cada um daqueles semblantes "carregava em si o dom de ser capaz de ser feliz". E era esse também o nosso desejo, transmitido pelo aceno de boas-vindas ou de despedida. Naquela inocência infantil, imaginávamos que o maquinista puxava a corda do apito, não para anunciar a chegada ou a partida, mas para servir de melodia à dança das nossas pequenas mãos.

O VOO DAS BORBOLETAS

Foi num desses trens da vida que meus avós paternos desembarcaram em Três Lagoas, vindos do Líbano. Além de exímios comerciantes, os libaneses, ou muitos deles, levavam uma vida perambulante, malas em punho, onde condensavam suas mercadorias, normalmente tecidos e "roupas feitas", vendidas a "preços módicos", como diziam. Além de bons comerciantes, eles também se constituíam em verdadeiros noticiaristas, porque levavam, às "paragens" mais distantes, a informação sobre os principais acontecimentos das grandes cidades. Foi com eles, a Angelina e o Taufic, que eu tive ligação mais estreita, exatamente porque eles fixaram residência em Três Lagoas, e ali também montaram a "lojinha". Mesmo quando o destino já havia me transportado para Campo Grande, as férias e os feriados me levavam de volta à casa e à loja deles, ampliada por estoques de móveis. Revivia na lembrança, a cada vez, as brincadeiras de esconde-esconde com minhas primas, por entre sofás, poltronas e armários. Nessas passagens, aprendi com meu avô a arte do jogo de canastra, além das noções básicas do jogo de xadrez.

Tenho especial lembrança de que, por mais trivial que fosse (um café, um bolo, um naco de pão), a mesa da casa estava sempre posta a quem adentrasse aquelas portas, sempre abertas, porque os libaneses eram assim: suas mesas eram de comunhão.

Trouxe da "vó Angelina" a fé e os princípios religiosos. Ela foi uma daquelas pessoas de quem permanece na gente, em especial nos momentos mais difíceis das nossas vidas, a presença imorredoura da alma.

Do lado da minha mãe, o meu avô Farid seguiu rumo à cidade de Rio Brilhante. Em seguida, mudou-se para Fátima do Sul, hoje Mato Grosso do Sul. Na boleia de um caminhão, desenhou zigue-zague no Centro-Oeste, levando e trazendo colheitas e mercadorias. O período dessas suas andanças e, consequentemente, das suas ausências, impediu que fossem mais estreitas as nossas relações de avô e neta, embora tenha sido ele o precursor da minha quase compulsão por chocolate. Quando ele trocou o dinheiro que guardou por terras naquela mesma região da Grande Dourados, foi um tempo suficiente para que eu pudesse colher lembranças. Uma delas, quando ele, embora contido como sempre foi nas suas emoções, mostrou-me, então de olhos marejados, flocos secos de algodão de sua última colheita, frustrada pelas mudanças climáticas que exigiam, já naquele tempo, alterações na estrutura produtiva daquela região. Talvez tenha sido esse fato o meu primeiro mergulho nas preocupações com as consequências dessa mudança do clima, que, infelizmente, seguiram se avolumando cada vez mais, não raramente agora como verdadeiras tragédias.

Posso dizer, portanto, que esse modo de vida dos meus avós, dos dois lados da família, cada um à sua maneira, marcou profundamente toda a minha existência, já numa nova geração que se sucedeu, porque tudo isso eles já haviam moldado na vida dos meus pais, que se conheceram em Três Lagoas e lá se casaram.

Somos quatro os filhos de Fairte e Ramez, nascidos em partos paritários: duas mulheres e dois homens. Quis Deus e o destino que eu puxasse a fila. Naquele tempo, ainda como herança de situações anteriores, o primeiro filho era ungido como uma espécie de substituto imediato na escala do poder familiar. Um "secretário executivo" do pai. Entretanto, esse meu tratamento no masculino ("pai" e "filho") tem razão de ser, não somente na linguagem, que também é discriminatória: na prática, era o "filho homem" mais velho que, normalmente, assumia esse papel.

Com o meu pai, sempre foi diferente. Ele também era paritário no tratamento dos filhos, fosse o Rames, o Rodrigo, a Eduarda ou eu. Porém ele também não fugia às armadilhas do nosso tempo: os limites para a liberdade das mulheres tinham lá os seus ditados. Vestidos, nada aquém do que perigava "o que os outros vão dizer". Sapatos vermelhos, embora nada ideológico, "melhor evitar".

Mas foi um outro "entretanto", nesta minha lembrança do meu pai, que me trouxe até aqui: ele era um homem político, e numa história de heranças políticas que privilegiavam os filhos homens, ele viu em mim os pendões para continuar a sua travessia nos campos da política. Coisa que somente os pais conseguem ler, porque somente eles (mãe e pai) conseguem atingir o mais profundo das nossas almas. Digo e reforço esse "somente", porque nem mesmo eu imaginava fazer essa minha leitura íntima. Nascida no interior do interior do Brasil, numa época sem internet ou redes sociais para ter acesso ao mundo, não me movia o desejo ou habitava a imaginação viver o ambiente público da política.

Relutei em me integrar a esse novo ambiente, mas os olhos de pai também têm o seu poder de "pesca". E a pesca política do meu pai sempre foi preservacionista, o que, para muitos, ainda parece ser "coronelista". Quem conviveu com ele sabe da sua defesa intransigente da coisa pública, do coletivo, do amanhã. A minha escolha para seguir o seu legado nunca me veio como uma cobrança, mas como uma lição de vida. De vida pública, porque o melhor ensinamento que recebi dele foi o de que o bom político é aquele que serve à política, nunca o que se serve dela. Ensinamento que também me foi cultivado pela minha mãe, porque eu sempre procurei fazer luz da luz que ela me deu. Minha mãe, no mesmo passo da minha avó, sempre foi uma produtora das sementes religiosas do bem comum, para o que eu sempre procurei ser terra fértil. Por isso, ela continua contribuindo, em muito, para a colheita que eu agora, por meio da política, procuro transformar em novas sementes, não apenas para o alimento da vida das minhas filhas, mas a de todos os filhos e filhas que formarão as gerações brasileiras do futuro.

Foi a ela que eu pedi licença, evidente que com a anuência absoluta do meu pai, para participar dos movimentos populares por eleições diretas à Presidência da República e pela anistia, que desembocariam na instalação da Assembleia Nacional Constituinte. Era um tempo de ditado e de silêncio à ordem unida. Um tempo em que o grito do povo brasileiro permanecia entalado na garganta. Ali, naquela gente que ousou ocupar os espaços genuinamente públicos, eu vi o desengasgar do brado pelo diálogo, pela liberdade e pela democracia. Que ecoou, nascente, com 100 pessoas numa praça de uma cidade do interior pernambucano e que desembocou no Vale do Anhangabaú, em São Paulo, com 1,5 milhão de vozes, dois meses depois do meu aniversário de quatorze anos. Foi nesse tempo que eu entendi as razões do silêncio que pairava sobre os lugares públicos, e foi então que inaugurei a minha vida adolescente: ouvindo sobre política não mais restrita aos recintos fechados da minha casa, onde os correligionários do meu pai também eram obrigados ao sussurro, mas no campo aberto das ruas e das praças, onde ele, Ulysses, Teotônio, Tancredo, Montoro, Simon, Covas, Lula e muitos outros soltavam a voz, seguida por aquela multidão que gritava por eleições diretas para presidente do Brasil. E onde Milton Nascimento, fazendo coro com muitos outros artistas de todos os ritmos e com a gente de todas vozes, cantava *"Quero falar de uma coisa/Adivinha onde ela anda/Deve estar dentro do peito/Ou caminha pelo ar"*. E que terminava com *"Alegria e muito sonho/Espalhados pelo caminho/Verdes planta e sentimento/Folhas, coração, juventude e fé"*.

Foi nesse tempo que eu vi pulsar, forte, o meu "Coração de Estudante". Com "muitos sonhos, espalhados no caminho".

Pode ser que, na verdade, ao me permitirem, tão jovem principalmente para a época, participar daqueles movimentos, ali, os meus pais já ensaiavam em mim o grito coletivo das ruas pela democracia, enquanto premonição dos dois quanto ao meu futuro; e a atitude deles, mais que uma mera autorização, tenha sido um incentivo para que, já naquele tempo, eu pudesse demarcar os trilhos da minha vida nos caminhos da política.

Eu já trazia em mim um fato que nunca se permitiu fugir à lembrança. De novo, uma questão de luz. Meu pai era prefeito de Três Lagoas, e me levou, de mãos dadas, para assistir à inauguração de uma obra de iluminação pública. Eu não tinha mais que sete anos. De início, era mais ouvir do que ver, porque a escuridão da noite abraçava aquele lugar, não tão distante de onde eu morava. De repente, um "3, 2, 1..." coletivo, e ali tudo se iluminou ao toque de um interruptor, e ali também eu me dei conta de que aquelas vozes, sob aquele mesmo poste, eram das meninas e dos meninos que frequentavam, como eu, uma escola pública. E que o que era, para mim, algo tão natural, para eles fez-se luz. Aquele poste iluminado acabou por ser, também, iluminante dos meus próprios caminhos, porque o diâmetro daquela luz se transformou, a partir de então, na minha melhor sala de aula, para que eu pudesse, enfim, aprender a aprender e a entender a injustiça da desigualdade: enquanto eu podia usufruir, em casa, de uma geladeira e de uma TV, além de luz para estudar, eles tinham de recorrer ao brilho de uma vela, ou de uma lamparina. Ali estava a minha estação de partida, no trem da minha vida. Ali eu também aprendi a ensinar.

3

A MINHA FASE "CRISÁLIDA" E AS PRIMEIRAS PORTAS ENTREABERTAS

E as sementes da política, plantadas na infância, mas que até então haviam permanecido em estado de latência, ou semilatência, finalmente despertaram e eclodiram.

As minhas primeiras vivências no mundo da política, ao qual decidi dedicar uma parte importante da minha vida e das minhas energias, carregaram em si o custo de um grande esforço e de alguns sacrifícios pessoais. Não pretendo, com isso, reivindicar qualquer mérito estritamente pessoal por esse esforço e por esses eventuais sacrifícios: toda e qualquer mulher que atue nesse mundo público, construído por homens e para homens, se deparou com o mesmo tipo de desafios (e, mesmo, de desaforos) que tive de enfrentar, e que enfrentei por decisão própria – no pleno exercício, justamente, da minha liberdade.

Por exemplo, fui prefeita da minha cidade em um tempo em que as *fake news* ainda não voavam nas asas das redes sociais, mas já se saciavam no boca a boca da rua, do bairro, da cidade, do bar da esquina, lugares que, para alguns, como ainda hoje, se constituíam nos limites dos seus próprios mundos. Mundos que generalizavam as notícias, ainda que desligadas da verdade. Quando essas generalizações chegavam aos ouvidos das minhas filhas, a desconfiança tomava conta de suas mentes puras e inocentes de criança, capazes de fazê-las construir, ao modo de cada uma, o silogismo "se, como dizem, todos os políticos pensam apenas em si mesmos, em seus proveitos pessoais e não nos da coletividade, minha mãe é política; portanto, ela também é assim". Contudo, a vivência familiar dissipava, de pronto, suas eventuais dúvidas e as ensinava que, a exemplo do "vovô" Ramez, o meu "ser político" sempre foi essencialmente coletivo, e que o meu ato de fé e o meu juramento à verdade se reforçaram, ainda mais, com a existência delas, minhas duas Marias.

Não pude fugir, entretanto, às ausências que, para elas, também eram motivo de angústia. Minha primeira filha, por exemplo, nas suas apresentações de balé, fazia também bailar os olhos, à minha busca na plateia, sempre atrasada porque eu também "dançava" no passo do cumprimento de compromissos públicos quase sempre inadiáveis. Foi difícil eu mesma me perdoar quando, numa apresentação especial do Dia das Mães, uma viagem aos Estados Unidos me impediu de prestigiá-la. O perdão veio dela própria, tempo depois, reforçado pela constatação de que aquela minha ausência teve como contrapartida a instalação, em Três Lagoas, da então maior fábrica de celulose de todo o planeta, gerando emprego e renda para muitas pessoas, incluindo familiares de meninas e meninos de seu próprio convívio.

Não faz muito tempo que estranhei a minha filha mais nova passar a andar ao meu lado pelo lado de fora da calçada, quando, ainda a meu ver, eu é que deveria protegê-la, como sempre fiz. Questionada, ela respondeu: "É que, agora, você é mais importante do que eu para o Brasil". Aquela resposta, que poderia ter sido um acalanto para meu coração em razão de tamanha ternura e de tão profundo espírito coletivo, me fez repensar o quanto as atitudes e os sacrifícios familiares não são computados na vida de uma mulher política, em razão de a política ter sido tratada, pelo menos até aqui, como uma função eminentemente masculina.

Outra situação geradora de desconforto às minhas filhas ocorria com a atenção dispensada às outras crianças, muitas delas de mesma idade. Vinha dessas crianças uma espécie de idolatria, em função do meu cargo de prefeita, que não dispensava o abraço, até mesmo o colo, após os eventos políticos. Talvez por ter sido a primeira mulher prefeita de Três Lagoas, as mães também demonstravam esse mesmo sentimento, o que me levava a permanecer um tempo a mais nos lugares dos eventos. Providenciei, a propósito, um pequeno cartão, direcionado às crianças, em que, além da minha foto, se lia, simplesmente, "um forte abraço". Era uma forma de estender o meu gesto e o meu sentimento para além daquele espaço e daqueles momentos. Mas isso também tinha um custo junto às minhas filhas: as divisões do meu tempo eram, quase sempre, em detrimento do convívio com elas, de quem eu jamais tirei a razão: a política, em especial para as mulheres, tem um custo de oportunidade elevadíssimo na relação com a família, notadamente com os filhos, assim como ocorre com os amigos. Essa tinha sido, também, a minha história, embora fosse a minha própria casa o ponto de encontro entre as principais figuras da política, nos tempos do meu pai. Para minha sorte, minha irmã hoje cumpre com louvor o papel de melhor amiga, embora ela talvez nem saiba.

Por ter sido um fato marcante na minha vida política, sou repetitiva em dizer que meus primeiros contatos com a política se deram por meio de portas entreabertas, detrás das quais pude acompanhar, ainda menina, as discussões travadas por ele e por seus companheiros de luta (todos homens), naqueles tempos de poder autoritário e de combate incansável pela democracia, que culminariam, algum tempo depois, na grandiosa campanha pelas Diretas Já, na primeira eleição (ainda indireta) de um governante civil desde o golpe de 1964 e, finalmente, na convocação da Assembleia Nacional Constituinte e na promulgação da Constituição Cidadã de 1988, que abriu um novo e esperançoso capítulo na nossa história republicana. Detrás daquelas portas, eu testemunhei as primeiras análises de conjuntura, e aprendi, ainda de forma intuitiva, como se formulam estratégias políticas. As sementes fundamentais foram plantadas ali, nos olhos e nos ouvidos atentos de uma criança curiosa e entusiasmada.

Naquele mesmo tempo, eu permanecia horas a fio sentada à porta da nossa casa, onde via passar as mulheres de "sombrinha" e os homens de passos apressados, a quem eu me dirigia, sorridente, com um "bom dia!", um "que horas são?" ou "tudo bem?", e a conversa podia seguir, a depender da reação de cada um dos passantes. Essas cenas foram presenciadas, certa vez, pelo Dr. Fernando Corrêa da Costa, ex-senador e ex-governador de Mato Grosso (avô da hoje senadora por Mato Grosso do Sul, Tereza Cristina). Ele veio à nossa casa para uma conversa com o meu pai. Minha mãe ainda agora se recorda do que ouviu da ilustre visita: "Essa sua filha vai ser a política da família."

Essa criança cresceu e, ao crescer, não ingressou imediatamente na luta política institucional, embora nunca deixasse de participar das mobilizações cívicas que marcaram os seus anos de juventude, como nas campanhas contra a fome e a miséria; pelas vítimas, tanto das enchentes como das secas; pela volta de poder votar para presidente, pelo fim da corrupção e pela Constituinte.

Todavia, eram participações esporádicas, que dividiam tempo e espaço com o esforço para escolher e começar a exercer uma profissão, marcando com isso o ingresso definitivo na vida adulta.

A vida universitária no Rio de Janeiro foi uma fase "agridoce" da minha juventude. Eu me transportei de uma cidade relativamente pequena, à época de significativa ruralidade, para um grande centro urbano, com tudo o que uma metrópole pode oferecer, em termos culturais e de diversão. No entanto, estudiosa contumaz e com o pensamento na família e nos amigos que deixei, vivi momentos de solidão, quebrados pela visita de algum familiar e pelas férias e feriados prolongados, quando voltava, levando na mala roupas e livros, a Três Lagoas. Foi numa dessas idas e vindas que Eduardo e eu iniciamos o namoro, fazendo que a saudade se compensasse pelo companheirismo imune às vicissitudes da distância e me incentivasse a antecipar o término, em um semestre, do cumprimento da grade de matérias exigidas para o final do curso universitário.

Formei-me em Direito pela UFRJ, especializei-me em Ciência do Direito pela Escola Superior de Magistratura e cursei, a seguir, o mestrado em Direito do Estado pela PUC/SP. Meu projeto de vida, então, era advogar e seguir a carreira acadêmica; e comecei a executá-lo, com orgulho e paixão, por somados doze anos, lecionando em universidades como a Universidade Federal de Mato Grosso do Sul (UFMS), a Universidade Católica Dom Bosco (UCDB), o Centro Universitário de Campo Grande (UNAES) e a Universidade Anhanguera (UNIDERP), além das Escolas Preparatórias para a Magistratura e o Ministério Público.

No período de 1995 a 2001, tive a oportunidade de exercer, na Assembleia Legislativa de Mato Grosso do Sul, os cargos de Consultora Técnica Jurídica e Diretora Técnica Legislativa. Eram cargos técnicos, sim, mas que me permitiram acompanhar, em profundidade, os debates políticos e parlamentares que se travavam então. E as sementes da política, plantadas na infância, mas que até então haviam permanecido em estado de latência, ou semilatência, finalmente despertaram e eclodiram.

Não posso deixar de dizer, invocando o testemunho do meu travesseiro, que por alguns momentos titubeei na minha decisão, pelo meu apego às salas de aula e aos meus alunos; porém aí, não por uma mera voz masculina, mas por um sopro do meu pai, cheguei à conclusão de que a política podia também significar o exercício do magistério por outros meios. Menos diretos, todavia mais amplos e generosos, por abarcar não apenas os estudantes de uma sala de aula, mas os membros de toda uma comunidade e, no limite, de toda uma nação.

Era um momento em que as ações afirmativas para as mulheres avançavam no Congresso Nacional, ainda sob o impacto do esforço suado das poucas mulheres constituintes em defesa de nossos direitos na formulação da nova Carta Magna. Só que a prática, muito distinta, estava aliada ao atraso. Ninguém me contou, eu vi com meus próprios olhos como as candidatas mulheres eram preteridas em relação aos homens durante campanhas eleitorais. Enquanto eles eram guarnecidos com fartos pacotes de material de divulgação, a elas eram reservados envelopes mirrados de "santinhos" que cabiam na palma mão. Ali, a desigualdade de gênero na política berrou bem alto, pela primeira vez, aos meus ouvidos treinados e atentos.

Em 2002, fui eleita deputada estadual de Mato Grosso do Sul. Em 2004, prefeita de Três Lagoas, cargo que exerci de 2005 a 2010, tendo sido reeleita em 2008 com 77% dos votos – fui a primeira mulher a exercer esse cargo. Em 2010, compus a chapa vencedora ao governo estadual, e tornei-me também a primeira mulher a ocupar o cargo de vice-governadora do Estado.

Embora o meu imenso orgulho em ter exercido cargos tão importantes na política do meu estado, e obtido êxito em matérias de enorme relevância para o povo sul-mato-grossense (a título de exemplo, como deputada estadual e líder da oposição ao governo do estado, conseguimos a proibição da construção de usinas de álcool em todo o território do Pantanal, assunto que hoje, certamente, ganharia as manchetes nacionais e internacionais), na verdade eu sentia, à época, que foi nos tempos de prefeita que o exercício da política havia corrido, com maior energia, no meu sangue.

Como o cidadão vive no município, a prefeitura é a instância de poder que lhe é mais próxima. É onde ele procura soluções para os seus problemas do dia a dia. Ele sabe onde mora o prefeito, encontra-o mais amiúde nas ruas e praças e, em muitos casos, tem o número do seu celular. Para o prefeito, a recíproca é verdadeira: ele também se sente "em casa" quando percorre aquelas mesmas ruas e frequenta as mesmas praças, ou quando toma o café açucarado pelo carinho dos moradores, à mesma mesa, muitas vezes simples, mas sempre acolhedora.

Como prefeita, eu me sentia, de fato, um desses moradores, porque não havia, em mim, nenhuma diferença entre o que eu era e o que eu representava. É de praxe que as "autoridades" recebam tratamentos especiais, como reverência ao cargo que ocupam. O início das nossas conversas não fugia a essa regra popular, mas o decorrer delas mostrava que se tratava de algo natural a reciprocidade das minhas emoções, das minhas alegrias, das minhas angústias ou de qualquer outro sentimento interior diante daquela realidade individual ou coletiva.

O VOO DAS BORBOLETAS

Eu era a prefeita, mas poucos munícipes poderiam dizer que exercia meu mandato reclusa entre as paredes da sede da prefeitura. A propósito, algumas pessoas diziam que nem o mosquito da dengue me encontrava, porque, quando ele voava para o endereço de uma obra, eu já tinha saído para inspecionar uma outra. E ia "de cara lavada" e de vestes comuns, não por um eventual populismo, mas porque, de fato, eu me engajava no sentimento, de tristeza ou de felicidade, de cada uma daquelas pessoas que buscavam nada mais do que a Constituição já lhes garantia como um direito.

É impossível dimensionar a minha emoção, quando entregava a chave de uma casa a uma mãe cujo pagamento do aluguel substituía a comida dos filhos. Não por acaso, fui a prefeita que, até então, construiu o maior número de casas populares em Três Lagoas. Entretanto, esse conceito de "moradia", ou de "casa", apesar da importância, estava muito aquém do verdadeiro significado de plenitude da cidadania. "É só cidadão quem ganha justo e suficiente salário, lê e escreve, mora, tem hospital e remédio, lazer quando descansa", disse Ulysses Guimarães, no ato de promulgação da Constituição, que ele chamou, não por acaso, de "cidadã".

Na mesma linha desse conceito de cidadania, também não foi obra do acaso eu ter sido reconhecida como "prefeita da indústria", porque, para que o cidadão de Três Lagoas ganhasse "salário justo e suficiente", ele deveria estar empregado. Deveria, ademais, ter escola, hospital e remédio, lazer e, ouso complementar o nosso "timoneiro", até mesmo para atingir o conjunto dos ditames da própria Constituição, ter segurança, proteção à maternidade e à infância e, se desamparado, assistência.

Seguindo essa mesma sequência, fui, até então, a prefeita que mais investiu em educação. Além das reformas necessárias dos prédios já existentes, construí a primeira escola municipal na zona rural – até então, os alunos tinham aulas em espaços cedidos pelos fazendeiros locais – e a primeira escola em tempo integral, onde também estudavam alunos da zona rural. Também providenciei o pagamento da hora-atividade (períodos para preparação das aulas e correção de provas) para os professores, além do piso salarial por 20 horas.

No segmento saúde, Três Lagoas contava, apenas, com o hospital filantrópico Nossa Senhora Auxiliadora, mantido por munícipes, incluindo membros da minha família, para onde alinhavei com o Governo Federal, à minha saída da prefeitura, a criação de um espaço específico para tratamentos oncológicos. Em outras áreas, minha opção foi pela construção de clínicas especializadas, como as de ortopedia, pediatria e a da mulher, além da utilização de prédios já existentes para a instalação das clínicas do trabalhador e de pequenas cirurgias. Além disso, iniciei a construção da primeira UPA do município, concluída pela minha sucessora, Márcia Moura, que assumiu a prefeitura quando me candidatei a vice-governadora do Mato Grosso do Sul. Ressalto, aqui, que o meu segundo mandato foi um tempo em que Três Lagoas teve duas mulheres (prefeita e vice) no comando dos destinos do município, destinos aos quais ela dedicou o seu imenso brilho pessoal, depois da minha saída.

Da construção da Usina Hidrelétrica de Urubupungá, no Rio Paraná, Três Lagoas herdou um passivo ambiental popularmente chamado de "buracão", nome que dispensa maiores explicações. Na minha gestão, a prefeitura construiu, naquele local, um dos maiores espaços públicos de lazer e esporte de todo o estado, notadamente para o exercício do motocross.

No comando dos destinos do povo da cidade onde nasci, e onde, no mesmo caminho e no mesmo passo do meu pai, eu aprendi a

O VOO DAS BORBOLETAS

fazer a boa política, sempre carreguei em mim, mais que uma orientação pessoal, o objetivo político de me transformar, também, em "prefeita da Constituição".

A partir daí, ainda sob o impacto da passagem dolorosa de meu pai, chegaria o momento de tomar, talvez, a primeira decisão mais difícil da minha vida política. Renunciei ao meu segundo mandato à frente do comando da minha cidade para concorrer à vaga de vice-governadora do meu Estado. Não foi trivial deixar uma posição com quase 90% de aprovação (vale lembrar que sem os artifícios instigadores dos "likes" de agora), após levar pleno emprego e pujança econômica a Três Lagoas, para atender ao pedido do meu partido. Ainda que se tratasse de um projeto político coletivo, foi também um voo solo, em que aquelas asas teriam de bater com o modo da coragem acionado, uma vez que todos os obstáculos estavam postos para que uma mulher fosse reconhecida como liderança política. Eu era aceita dentro de um grupo político, mas não era permitido às mulheres liderarem um grupo político, ainda mais no Centro-Oeste. Assim, a coragem para percorrer um trajeto mais amplo foi determinante para que eu despontasse, efetivamente, no horizonte político nacional. Após três anos como vice-governadora, fui eleita senadora com total apoio do então governador André Puccinelli. Minha eleição foi alcançada em um movimento pouco comum, em que a vaga ao Senado foi conquistada por mim sem que o candidato da chapa ao governo estadual obtivesse êxito. Pousei, assim, em Brasília.

4

O SENADO FEDERAL E OS PERCALÇOS NO CAMINHO: DO TIMBRE MASCULINO AO GRITO DAS MULHERES

Aquelas fotos e aqueles bustos me mostraram que a história das mulheres, também no campo legislativo, não era moldada e alinhavada por decisões femininas.

Entre a eleição e a posse como senadora eleita pelo povo de Mato Grosso do Sul, fiz a praxe dos "novatos" de visitar o "por dentro" de uma das mais belas obras de Oscar Niemeyer: o edifício do Senado Federal. Trata-se de uma estrutura côncava, voltada para dentro, idealizada assim pelo mestre da arquitetura brasileira para que ela possa significar que os eleitos para ocupar cada uma das cadeiras sobre o tapete azul do plenário tragam consigo o equilíbrio, a profundidade nas reflexões e a experiência política, como requer uma casa chamada "revisora". São 81 cadeiras, porque cada uma das unidades da Federação possui três representantes, independentemente do tamanho geográfico e da população. O Congresso Nacional se completa com a Câmara dos Deputados, cujo edifício tem uma estrutura convexa, voltada para fora, por significar que aquela Casa está aberta a todas as tendências políticas, as ideologias e tudo o que possa representar a alma do povo brasileiro. O tapete é verde e as cadeiras são distribuídas, em número, de acordo com o tamanho da população de cada unidade federativa. Portanto, o Senado representa os estados, enquanto a Câmara, a população.

Aquele trajeto me era bastante familiar porque, afinal, meu pai, além de ter percorrido aqueles corredores e gabinetes, ocupou a cadeira mais importante, como presidente do Senado e do Congresso Nacional. Eu já conhecia, portanto, o "túnel do tempo", por onde transitam senadores, funcionários e visitantes, por estar ao lado dele algumas vezes, naquele "vai e vem" interrompido por acenos, apertos de mão e perguntas de jornalistas ávidos por alguma notícia mais recente ou, quem sabe, pela manchete do dia.

O caminhar do meu pai era lento, porque ele sempre foi de boa prosa. Os servidores daquele tempo o recordam como "o senador que assoviava", porque era assim que ele percorria aquele caminho, entre o gabinete e o plenário: quando não conversando com alguém, assoviando melodias de sua preferência.

Os que o conheceram em sua vida pública guardam dele algumas características básicas: a vocação para o diálogo, a firmeza das convicções, que, por serem fundamentalmente democráticas, não o impediam de compreender os posicionamentos dos adversários eventuais e de buscar, pela negociação, a solução mais viável para o bem do país, o amor pela Justiça e a certeza de que o hoje, pelo trabalho comum, pode ser melhor do que o ontem e que o amanhã será melhor do que o agora.

Naquele instante, ali estava eu, percorrendo aqueles mesmos corredores, aquele mesmo túnel, parecendo ouvir aquele assovio suave, aquela conversa meiga, agradecida a Deus e ao povo do meu Estado, pela oportunidade de trilhar os mesmos caminhos dele, desde quando, ainda menina, transpunha outros túneis, nos trens da nossa história comum que nos levavam, de mãos dadas, de Três Lagoas, nossa cidade natal, para outros mundos, outros quintais. Parecia sentir que suas mãos firmes continuavam a me acalentar, e isso me dava segurança. E que aquela mais alta instância do legislativo federal era mais uma estação comum, como foi, cada uma a seu tempo, na nossa cidade, na Assembleia Legislativa e no Governo do Estado.

Eu respirava ali, portanto, um legado.

E para que eu pudesse levá-lo adiante, não me bastava conhecer aquela belíssima arquitetura ou o Regimento Interno do Senado Federal. Mergulhei, então, em alguns detalhes que me haviam incomodado desde sempre. Poderia citar muitos outros, mas o que me inspira, e que me faz convidar à reflexão, é o fato de aquelas fotos e bustos das mais ilustres personalidades do Senado Federal, da Mesa Diretora e das suas Comissões Permanentes serem, na sua imensa maioria, de homens.

Passei em revista, especialmente, a ala dos ex-presidentes e da Comissão de Constituição, Justiça e Cidadania, a mais importante do Congresso, e para a qual sempre foram destinados os "sábios" de cada legislatura: nada de mulher na galeria de fotos. Seus comandantes, também todos eles, eram homens. Aquelas fotos e aqueles bustos me mostraram que a história das mulheres, também no campo legislativo, não era moldada e alinhavada por decisões femininas.

Darcy Ribeiro, antropólogo, historiador, sociólogo e escritor de vasta obra, dentre as quais a mais citada e de título autoexplicativo *O Povo Brasileiro: a formação e o sentido do Brasil*, e senador pelo estado do Rio de Janeiro no período de 1991 a 1997, dizia que "*O Senado brasileiro é como o céu. Com uma vantagem: não é preciso morrer para estar dentro dele*". Isso pode até ter um fundo de verdade, mas a sua afirmação, pelo menos para as mulheres, está muito longe da realidade que vi, ouvi e vivi, desde o início do meu mandato. Eu me dei conta, então, de que não bastaria estar ali, como mais uma voz minoritária, em especial quando constavam em pauta questões que tinham a ver com a nossa vez prioritária, porque o tempo cuidou de me mostrar que esse caminho seria dos mais árduos. Que o "céu senatorial" do senador Darcy, pelo menos para as mulheres, mais se aproximava, muitas vezes, de um "purgatório", não por algum pecado político, mas, simplesmente, pelo fato de ser mulher. Um "pecado original", portanto. E tudo isso orientou o meu "batismo", como senadora da República.

Veio daí o embrião de uma ação conjunta das senadoras, inicialmente dando ênfase à questão da violência contra a mulher. A nossa referência maior quanto a essa questão era (e é) a Lei Maria da Penha, considerada pela ONU a terceira melhor lei do mundo no combate à violência doméstica, que revolucionou a relação agressor-vítima e trouxe em suas bases a importância da punição e, principalmente, da prevenção, contra esse tipo de crime.

Para que pudéssemos ir mais além, e caminhar com maior certeza da chegada, passamos a discutir essa questão juntando as vozes femininas do Congresso Nacional. Foi daí que aprovamos, entre outras, a lei do feminicídio, a lei que criminalizou o estupro coletivo, a importunação sexual, e aumentou a punição para quem divulgar vídeo com cenas de sexo, nudez ou pornografia ou com apologia à prática de estupro.

Aprovamos também medidas como a que tipifica o crime de descumprimento de medidas protetivas de urgência; a que atribui à Polícia Federal a investigação de crimes cibernéticos que difundam conteúdo misógino, a propagação do ódio ou de aversão às mulheres; e a que garante prioridade na realização do exame de corpo de delito para mulheres vítimas de violência doméstica, crianças e adolescentes, idosos e pessoas com deficiência.

Mais recentemente, em 2023, o presidente Lula sancionou uma lei de minha autoria que antecipa as medidas protetivas, desde a denúncia, para as mulheres vítimas de violência, sem necessidade de aguardar processo ou inquérito. Entre essas medidas, a proibição do agressor se aproximar da mulher agredida, além de seus familiares e testemunhas, nem que ele frequente determinados lugares, a fim de preservar a integridade física e psicológica da vítima.

As senadoras, de todos os matizes políticos e partidários, desempenharam papel fundamental na aprovação da PEC, da qual fui a relatora, no Senado Federal, para que o crime do estupro seja inafiançável e imprescritível, ou seja, que pode ser denunciado a qualquer tempo, independentemente dos anos passados, exatamente porque o trauma da vítima não passa.

Quando assumi, em 2015, foi criada a Comissão Mista de Combate à Violência contra a Mulher, da qual fui a primeira presidente e de onde, por minha iniciativa, nasceu o Observatório da Mulher Contra a Violência, no âmbito do Senado Federal, para reunir dados estatísticos e, assim, auxiliar na elaboração de proposições legislativas e de políticas públicas voltadas à defesa da mulher. Ressalte-se, portanto, a importância daquela comissão, porque ela foi a precursora dos principais avanços legislativos que vieram a seguir, quando a questão da violência contra a mulher passou a ser votada com maior rapidez, ser pauta destacada dentro do Congresso Nacional e ganhar o merecido destaque nas pautas legislativas, com a parceria, também mais evidente, dos homens.

A partir dessa experiência, o leque da formulação de novos e mais adequados dispositivos legais em defesa das mulheres foi se abrindo, não apenas no aspecto da violência, mas também em relação aos direitos sociais, ao acesso à saúde, ao emprego, à educação, entre outros.

Contudo, era preciso, também e concomitantemente, trilhar os caminhos institucionais de decisão, quase sempre pavimentados pelas estruturas partidárias, no meu caso o MDB. O meu partido nunca havia tido a experiência, no Senado Federal, de uma mulher ocupando a liderança. Eu já era vice-líder, e a liderança caberia, à época, ao senador Valdir Raupp, que abriu mão da indicação afirmando que *"não poderia perder esta oportunidade de ajudar a colocar, com meus companheiros, na Liderança do MDB no Senado, uma coisa histórica que é a primeira mulher a assumir a Liderança do MDB no Senado Federal"*.

Era abril de 2018 e o Brasil vivia um momento político difícil e conturbado, quando a anomia social – situação em que a população não acredita mais nas suas instituições públicas – já caminhava para uma anomia institucional – quando os Poderes são contaminados e não mais se entendem e, numa espécie de jogo embaralhado de cartas, cada um desses Poderes passa a se ocupar das atribuições do outro.

Na liderança do então maior partido do Senado Federal, eu não via outro caminho que não fosse o do diálogo e da conciliação. Costumava dizer que eu era uma líder liderada pelas decisões majoritárias e democráticas da Bancada, mas não posso negar que o meu passo sempre foi mais firme quando se tratava das questões da mulher, agora no patamar de chamá-las a caminhar juntas, para fortalecer o nosso papel político e de poder, no Congresso Nacional.

Foi no exercício da liderança do MDB que senti crescer, ainda mais, a minha indignação pelo fato de o Senado Federal jamais ter sido presidido por uma mulher, ao longo de dois séculos de história. E que apenas em 1979 a primeira mulher tomou assento na "Casa da Federação", a senadora Eunice Michiles, pelo Amazonas – ainda que sejamos hoje mais da metade da população e dos eleitores brasileiros. É preciso reconhecer, entretanto, que a primeira senadora foi a princesa Isabel, em cumprimento ao ditame da Constituição do Império, segundo o qual os príncipes da Casa Imperial se tornariam senadores tão logo completassem a idade de 25 anos. Poderia ter incluído essa informação em "nota de rodapé", mas até mesmo esse fato histórico serve para testemunhar que o machismo na política vem desde os tempos imperiais. Não se tem notícia de que ela tenha sido convidada, ao menos, para a posse efetiva, ou para uma única sessão legislativa, pela controvérsia que se gerou entre os senadores (todos homens, evidentemente), de que esse direito, conforme o texto constitucional da época, caberia aos "príncipes", não às "princesas". Os anais do Senado deixaram registrado que figuras masculinas ilustres de então defendiam a tese de que as mulheres seriam, naturalmente, "inaptas" a ocupar o cargo. Vale dizer que a princesa poderia até ocupar o trono, mas não uma cadeira no Senado. Imagine-se, então, a presidência da Casa.

Eu sabia, pela minha própria experiência política, que a mulher, para adentrar determinados espaços de poder, e o Senado não fugia à regra, necessita soltar o grito, empurrar as portas, se impor, quando das tentativas sucessivas de torná-la silenciosa e inerte. Que não basta bater às portas e pedir para entrar. É preciso empurrá-las, não obviamente a socos e pontapés, mas com firmeza, convicção e coragem.

Foi com essas três características, que sempre marcaram a minha trajetória política, que me coloquei à disposição da Bancada do MDB, para concorrer à presidência do Senado Federal, no início de 2019. Não obtive o aval político da maioria do partido, mas entendo que foi ali o momento de melhor demonstração de que as perdas podem se constituir na melhor argamassa para os ganhos, em especial nas construções políticas, desde que, repito, não faltem, na retomada, firmeza, convicção e coragem.

Eu não poderia perder a oportunidade de dizer ao país, e de deixar registrado nos anais do Senado, o meu posicionamento enquanto representante dos que, dentro e fora do Senado, continuaram a me incentivar que permanecesse na luta por mudanças estruturais no modo de fazer política. Naquele momento em que declinei, publicamente, da minha candidatura, eu não me inspirei na vida política de nenhum outro postulante ao cargo, apesar de declarar o meu voto. Na verdade, eu parecia ouvir, de novo, o assovio do meu pai. Ele deixou o Ministério da Integração Nacional, no governo do presidente Fernando Henrique Cardoso, apenas três meses após a posse, para assumir a presidência do Senado, eleito por seus pares. Naquele tempo, também havia, ali, uma crise política, e a história o convocou, também para um novo exercício político, agora de integração institucional. Eu afirmei, então, que "a presidência nunca foi um fim em si mesmo; o mais importante é recuperarmos a credibilidade desta Casa perante a sociedade brasileira, que clama por renovação e alternância de poder". Ao final, citei o poeta português Manuel Alegre: "Há sempre alguém que semeia canções no vento que passa".

Foi o que fiz ali: semeei. Passada aquela eleição, caberia ao PSDB ocupar a Presidência da Comissão de Constituição, Justiça e Cidadania do Senado Federal. E o nome indicado seria o do então senador Antonio Augusto Anastasia. Mas aí me veio uma das maiores demonstrações de apreço que eu possa ter recebido, durante todo o meu mandato: o PSDB, com o total apoio do senador por Minas Gerais, indicou o meu nome, pela primeira vez o de uma mulher, e embora sendo eu de outro partido, para a direção daquela comissão, considerada a mais importante do parlamento brasileiro. Os anais da CCJ são o testemunho do nosso trabalho, durante a nossa gestão. Digo "nosso e nossa", porque foi um trabalho integrado e uma gestão compartilhada, como voz e como vez.

A minha atuação na CCJ também fez semeadura para que eu voltasse a ser candidata à presidência do Senado, em 2021. Novamente, eu tinha a mais plena consciência de que haveria pedras no meio do plantio, mas mesmo assim incluí o meu nome no rol dos pré-candidatos que, ao passar do tempo, retiraram as suas postulações.

Poderia seguir o mesmo caminho. Poderia me curvar aos acenos de benesses comuns em tempos de postulações (ou das desistências) de poder. Obviamente, o meu plantio jamais seria esse. Tinha consciência de que omissão não abre portas nem quebra pedras. Segui candidata como, praticamente, a última opção dentro do meu partido. Não havia nenhum nome disposto a entrar na disputa sob o bafo da derrota. Mesmo que ciente das condições que me colocavam naquela posição, mais uma vez aceitei a empreitada com disposição, sabendo que minha candidatura seria, na real, uma forma de reunificar o partido.

Não obtive a maioria dos votos, perdi, mas não recuei nas minhas convicções, porque sempre tive a mais nítida consciência de que não há nenhum problema na perda, em qualquer nível eleitoral, desde que se esteja do lado certo da história. E a minha história, fiel ao legado político que recebi, sempre passou por um Senado enquanto verdadeira "Casa da Federação", revisora e altiva.

Essas minhas convicções passavam, e ainda passam (daí a importância maior que pretendo imprimir nestas minhas reflexões), pelo fortalecimento das mulheres no mundo da política. Digo e repito, ter sido a primeira mulher, em muitos campos da política por onde passei (ou semeei), me enche de orgulho, mas também me provoca um forte componente de indignação e de frustração. Afinal, somos a maioria da população e dos eleitores. É bem verdade que a parede onde se estampam as fotos dos ex-presidentes do Senado continua a falar, por si só, com timbre unicamente masculino, mas, para nós, mulheres, não era esse o único espaço onde se poderiam lançar as sementes das nossas principais reivindicações. Ou dos nossos direitos. Nem sempre é de conhecimento geral que as pautas de votação são construídas não somente pelas lideranças partidárias, porque a definição de prioridades também leva em conta os interesses de bancadas representativas de segmentos específicos da sociedade brasileira, como o agronegócio, a segurança pública, a questão ambiental, entre outros. Porém o que realmente chamava a atenção, até aquele momento, era que havia, até mesmo, uma bancada da "maioria", outra da "minoria", além de uma da "oposição", mas nenhuma bancada feminina.

Foi então que a experiência do trabalho conjunto das senadoras em defesa das mulheres, independentemente de posicionamentos partidários ou ideológicos, constituiu-se no embrião da nossa almejada Bancada Feminina. E isso não passou ao largo da percepção do presidente Rodrigo Pacheco, quanto ao número de votos das mulheres que se somou ao seu pleito. Eleito, ele desengavetou, um mês após a sua posse, o prometido Projeto de Resolução de criação formal da nossa Bancada, da qual fui a primeira líder, a partir do convite inicial de um grupo de senadoras, segundo elas pela minha atuação anterior na presidência da Comissão de Combate à Violência Contra as Mulheres.

A criação da Bancada Feminina do Senado Federal foi, sem dúvida, um marco histórico na demonstração de o quanto as mulheres são importantes, não somente quanto às nossas reinvindicações e aos nossos direitos, mas, e principalmente, quanto à vida, na sua melhor plenitude. Mais que uma foto na parede, a CPI da Covid é o testemunho mais contundente de o quanto as mulheres, pela sensibilidade que nos é inerente, se valem do lado certo da história.

5

A CPI DA COVID COMO EXEMPLO TÍPICO DA IMPORTÂNCIA DE MAIS MULHERES NA POLÍTICA

Ali se mostrou que as mulheres têm o mesmíssimo direito a ter a palavra ouvida e respeitada. Que não aceitamos rótulos pejorativos, nem "generalismos" que, para nós, nunca foram gratuitos. Que no histórico processo de empoderamento da mulher, conquistado por meio da superação dos obstáculos da discriminação e das pedras da misoginia, não cabe mais retrocesso.

Os microfones da sala de sessões onde se reunia a CPI da Covid captaram e reverberaram a afirmação de um senador de que as mulheres não faziam questão de participar das investigações.

Nunca foi assim. Foi o que ele ouviu, de minha viva voz. E em alto e bom som, porque poucas coisas me deixam mais indignada que a mentira e a injustiça.

As Comissões Parlamentares de Inquérito são um direito da minoria. Para que elas sejam pleiteadas, bastam as assinaturas de um terço dos membros de cada Casa do legislativo. É o que diz a Constituição. Mas esse "bastar" também não é bem assim. Colhidas as assinaturas, o processo se converte numa verdadeira via-sacra, antes da instalação efetiva dos trabalhos.

A título de ilustração, imaginemos uma CPI do Senado Federal (elas também podem ser da Câmara dos Deputados, ou mistas, do Congresso Nacional).

A primeira "estação" é avaliar se ela se justifica por "fatos determinados". A seguir, o pedido é lido em plenário, pelo presidente. Depois, cada partido indica os seus integrantes, de acordo com a representatividade partidária naquela Casa. Somente a partir daí é que a comissão pode ser instalada, com a eleição do presidente e do vice e a escolha do relator.

Parece simples, mas também não é bem assim. Colocar na agenda a leitura do requerimento é atribuição monocrática do presidente de cada Casa, e depende, portanto, dos seus "humores políticos". A indicação dos integrantes é feita pelos líderes partidários e, assim sendo, o que era um direito da minoria se torna, costumeiramente, um jogo político da maioria. Normalmente, do governo de plantão. Comumente, como decorrência, do mesmo governo que praticou os tais "fatos determinados" que se colocam em investigação.

Não foi à toa que as últimas comissões (antes da CPI da Covid), ou nem chegaram a ser instaladas, ou terminaram, como no jargão popular, "em pizza". Iniciados os trabalhos, as discussões (e as investigações) se polarizaram e o "jogo político" foi conduzido, nesses casos, para um empate, de preferência num "zero a zero" (algo assim como "eu não faço gol em vocês, vocês não chutam contra a minha 'meta'"). Muitas CPIs ficaram conhecidas como um "Fla-Flu", mas de resultado combinado no decorrer do jogo.

Uma CPI que não atinge os objetivos é pior que a não instalada. Seu relatório final, inconcluso e parcial, passa a ser, para os

O VOO DAS BORBOLETAS

eventuais "investigados", uma espécie de "atestado de idoneidade", que lhes possibilita dizer: "passei por uma profunda investigação pelo Congresso Nacional e não encontraram absolutamente nada de que pudessem me acusar". Não encontraram porque não investigaram a contento.

Todos esses processos anteriores não deixaram de desmoralizar esse instrumento constitucional de profunda importância para o Congresso, em sua atribuição de "fiscalizar e controlar, direta, ou por qualquer de suas Casas, os atos do Poder Executivo, incluídos os da administração direta".

Foi nesse contexto que se inseriu a CPI da Covid, do Senado Federal, sobre cuja importância a História ainda haverá de se debruçar. Importância em todos os aspectos, político, institucional, econômico, mas, primordialmente, no aspecto mais essencial da vida, a mesma vida contrariada pelo negacionismo então vigente.

A CPI da Covid retomou os caminhos certeiros dos verdadeiros inquéritos parlamentares. Diria que ela foi um divisor de águas, ou um ponto de inflexão, nos trabalhos legislativos do parlamento brasileiro, pelo menos no papel de cada parlamentar no conjunto da obra legislativa e, mais ainda, na importância da mulher em um mundo até ali dominado pelo timbre masculino.

Em primeiro lugar, não se tratava, apenas, de fatos determinados, mas de fatos continuados e incontestáveis. Negá-los seria algo assim como afirmar que a Terra é plana. A verdade dos fatos já se mostrava na sua (dolorida) concretude.

Às vésperas da data da instalação da CPI, já somavam quase 400 mil os mortos pela covid. O Brasil inteiro se deparava, diariamente, com as cenas reais de seres humanos asfixiados por falta de oxigênio hospitalar. Crianças mal chegadas à vida e que foram desconsideradas como seres viventes. A dor pelo filho partido substituiu a alegria pelo filho parido, sem que algo pudesse devolvê-lo à vida na sua placenta maior e coletiva, à família, ao país, ao mundo. A mesma dor do filho, ao ver enterrar, prematuramente, os pais.

Por isso, aquela CPI não nasceu, unicamente, para atender a um direito da minoria. Ela se concebeu, por si própria, como uma obrigação da maioria. Ou de todos. Em sã consciência, pela comoção e pela indignação trazidas pelos números diários de mortes e de consequente sofrimento de pais, filhos, irmãos e amigos, talvez se pudesse imaginar que a comissão nem necessitasse cumprir a totalidade dos seus ritos regimentais. E que se permitisse pular etapas, tão evidente a verdade dos fatos. O jornalismo investigativo talvez pudesse fornecer o diagnóstico suficiente para as conclusões e as imputações, em uma sessão única e final da comissão.

A realidade, por ser tão gritante, poderia cuidar, ela própria, da fundamentação do relatório final.

Mas a CPI da Covid, por mais que tenha se desvencilhado das armadilhas da procrastinação, não conseguiu fugir ao mundo masculino da política brasileira. Na indicação dos líderes partidários, todos os 11 titulares da comissão, além dos sete suplentes, eram homens. Nenhuma mulher mereceu a lembrança e a consequente indicação de um único líder partidário. Como essa questão, ela sim, sempre foi de conhecimento do tal senador governista de então, certamente teriam sido outras as razões que o moveram na sua afirmação de que nós, mulheres, não fomos indicadas por falta de interesse em investigar. Foi uma confissão clara de misoginia ou, quem sabe, ele já sabia, de antemão, como seria a nossa participação durante os trabalhos, nem sempre de acordo com o enredo que ele parecia defender.

O VOO DAS BORBOLETAS

A nossa participação se deveu a um ato de "benevolência" do presidente da comissão, o aguerrido e incansável senador Omar Aziz, para que pudéssemos ter voz nas sessões. Voz, não vez, porque não tínhamos direito a voto. Mesmo a voz foi tardia no início dos trabalhos, porque nos foi imposto o aguardo de todos os titulares e suplentes nas listas de inscrição para as inquirições. "Benevolência" estendida, conseguimos nos colocar na lista, intercalada cada uma de nós, após a fala de cinco homens.

Adquirimos, então, voz, mas por revezamento.

Foi daí que se evidenciou a importância da Bancada Feminina, a quem a História também ainda é devedora do necessário merecimento. Ali se provou que calar a voz da mulher é emudecer o mundo.

Um mês antes da criação da CPI, o Senado instituiu, como mencionei anteriormente, a Liderança da Bancada Feminina. A comissão teve o dom de consolidar, pela identidade de propósitos, o elo que já existia entre nós. A comissão foi nossa grande arena de teste. Mergulhada na tragédia humana que assolou o país, foi ali que a nossa bancada mostrou a sua verdadeira força, que sempre existiu, é bem verdade, mas agora reconhecida na prática coletiva cotidiana.

A má condução das políticas públicas, o negacionismo, a relativização da realidade, a falta de empatia e compaixão, tudo isso foi ressaltado por todas as senadoras que participaram ativamente da CPI. O mais importante é que, mesmo sob ataques, não desviamos o foco. Não perdemos jamais a nossa capacidade de nos indignar.

A Bancada Feminina se mostrou, desde o início, na CPI em especial, diversa na ideologia, mas unida na defesa moral da verdade. Independentemente do partido que ocupamos e da ideologia que professamos, o que nos guiou foi a indignação diante de tudo o que estávamos assistindo.

A nossa voz fundamentou e consolidou votos.

Poderia citar inúmeras vezes em que a perspicácia do olhar feminino colheu frutos para as investigações e evitou prejuízos maiores ainda ao Brasil e aos brasileiros. De minha parte – e trago aqui apenas a título de exemplo, o que divido com todas as demais senadoras integrantes da CPI –, eu me debrucei, durante o recesso parlamentar de janeiro de 2022, sobre 1,2 mil páginas do processo de aquisição da vacina da Covaxin, desconhecida e, consequentemente, sem o aval da Anvisa, por meio de um contrato fajuto e fraudulento. Descobri e denunciei erros grosseiros nas chamadas "invoices" que, pretensamente, dariam guarida a um possível desvio de recursos, que somavam R$ 1,6 bilhão, a partir de um sinal de pagamento antecipado de quase R$ 250 milhões, a ser depositado, antecipadamente, em um conhecido paraíso fiscal, na conta de uma empresa absolutamente desconhecida. A esse caso se somam outros como o da propina de US$ 1 por vacina, denunciado inicialmente pelo jornal *Folha de S.Paulo*, que a CPI descobriu ser de estoque inexistente e cujas tratativas foram manipuladas em reuniões de soldados, pastores, coronéis e outros que tais, em jantares, além de noturnos, soturnos.

Quando necessária a ternura, consegui, no depoimento de um deputado da ala governista, a confirmação de que o líder do governo à época sabia de todas aquelas tramoias e que as havia informado ao presidente da República. Quando imperiosa a coragem, enfrentei o general que cumpria plantão, batia continência e obedecia ao mando no Ministério da Saúde, nas suas andanças e lambanças que jogaram por terra, fruto das nossas investigações, a sua fama de estrategista. Quando acuado pela verdade, outro ministro me taxou de "totalmente descontrolada", no que recebeu a merecida resposta coletiva.

Simone aos 2 anos.

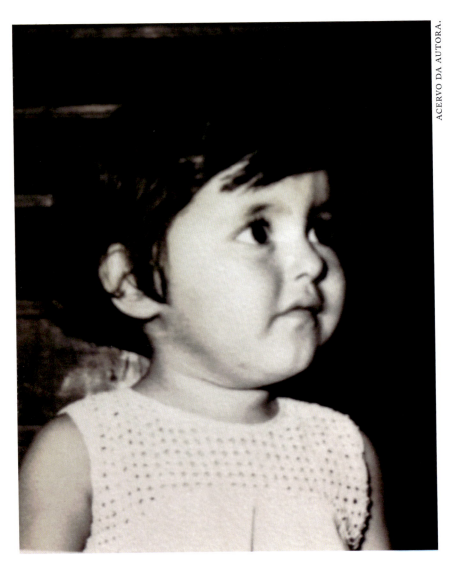

Simone quando criança.

A mãe, Dona Fairte, com Simone bebê.

Simone Tebet e João Eduardo no dia do casamento, em 26 de janeiro de 1996.

Simone Tebet com as filhas.

Simone Tebet com as filhas.

Simone e família em aniversário das filhas.

Simone e o pai, Ramez Tebet.

Simone e a mãe, Dona Fairte.

Simone na Prefeitura de Três Lagoas, em Mato Grosso do Sul.

Simone Tebet enquanto prefeita de Três Lagoas (MS) visita Escola Olinto e CEI Massumi.

Simone no contorno ferroviário de Três Lagoas, em Mato Grosso do Sul.

03/01/2011 – Cerimônia de posse como vice-governadora de Mato Grosso do Sul.

13/01/2011 – Governadora de Mato Grosso do Sul em exercício.

26/10/2011 – Simone em campanha de prevenção do câncer de mama, como vice-governadora de Mato Grosso do Sul.

04/07/2014 – Registro de candidatura ao Senado no TRE.

07/08/2014 – Abertura oficial da 9ª edição do Festival do Soba, em Campo Grande (MS).

22/08/2014 – Campanha para o Senado.

01/02/2014 – Simone Tebet em sua posse como senadora.

21/11/2017 – Em missão oficial com a Marinha na Antártida.

07/02/2019 – Inauguração do Centro de Eventos do Shopping Bosque dos Ipês, em Campo Grande (MS).

05/05/2021 – CPI da Covid.

21/09/2021 – CPI da Covid.

08/12/2021 – MDB oficializa pré-candidatura de Simone Tebet à Presidência da República.

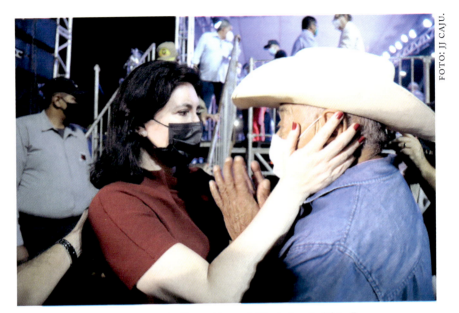

10/12/2021 – Inauguração da Feira Central Turística de Três Lagoas, em Mato Grosso do Sul.

05/05/2022 – Chegada ao Aeroporto de Porto Alegre, em Rio Grande do Sul.

02/07/2022 – Caminhada da Esperança, em Salvador, na Bahia.

31/07/2022 – Visita à Orpas durante Caminhada da Esperança, em São Paulo.

11/08/2022 – Simone em visita a Três Lagoas (MS); ao lado, seu Claudino.

28/08/2022 – Simone no debate presidencial; Baleia Rossi (esq.) acompanha.

11/09/2022 – Caminhada da Esperança, na Avenida Paulista, em São Paulo.

11/09/2022 – Caminhada da Esperança na Avenida Paulista, em São Paulo.

25/09/2022 – Fórum Regional Ágora III, no bairro de Santana, em São Paulo.

01/10/2022 – Chegada em Campo Grande (MS), um dia antes da eleição.

02/10/2022 – Votação em Campo Grande, Mato Grosso do Sul.

07/10/2022 – Encontro com Lula, em Brasília.

19/10/2022 – Caminhada no segundo turno, em Brasília.

21/10/2022 – Caminhada com Lula, Marina Silva e Margarida Salomão, em Juiz de Fora (MG).

22/10/2022 – Simone em Belo Horizonte (MG).

14/12/2022 – Despedida de fim de mandato no Senado.

05/01/2023 – Posse como Ministra do Planejamento e Orçamento.

05/01/2023 – Posse como Ministra do Planejamento e Orçamento.

06/02/2023 – Audiência IBGE.

23/02/2023 – Presentes de aniversário.

06/03/2023 – Simone na Abertura da Semana da Mulher.

07/03/2023 – Simone para a Revista Claudia.

(STYLING: PAULA JACOB/CLAUDIA; BELEZA: LANUSA QUEIROZ/CLAUDIA; DIREÇÃO DE ARTE: KAREEN SAYURI/CLAUDIA; CAMAREIRA: CLEIDE BUENO)

14/06/2023 – Agenda com o governador de Mato Grosso do Sul e integrantes da Petrobras sobre fábrica de fertilizantes em Três Lagoas (MS).

13/07/2023 – Evento do Plano Plurianual (PPA), no Rio de Janeiro.

14/07/2023 – Plenária Estadual do Plano Plurianual (PPA), no Memorial da América Latina, em São Paulo.

14/07/2023 – Plenária Estadual do Plano Plurianual (PPA), no Memorial da América Latina, em São Paulo.

FOTO: MARCELO JUSTO.

Ali se mostrou que as mulheres têm o mesmíssimo direito a ter a palavra ouvida e respeitada. Que não aceitamos rótulos pejorativos, nem "generalismos" que, para nós, nunca foram gratuitos. Que no histórico processo de empoderamento da mulher, conquistado por meio da superação dos obstáculos da discriminação e das pedras da misoginia, não cabe mais retrocesso.

Alguns sentimentos nos tomaram durante os trabalhos da comissão: indignação, quando fomos atacadas por ações ou omissões de caráter misógino, fosse por colegas senadores ou por depoentes; irritação, quando éramos interrompidas, o que ocorreu sistematicamente; sororidade, inclusive por parte de colegas senadores, quando vimos mulheres depoentes serem desrespeitadas no seu direito de fala e viemos a defendê-las, mesmo sendo contrárias, política e ideologicamente, ao que estava sendo dito.

Costumo dizer que, muitas vezes, a mulher precisa chutar a porta para conseguir o seu espaço. A reação é cotidiana em nossa vida pública. Nessa CPI, não foi diferente. Como sobreviventes dessa pandemia, era nosso dever moral lutar, em nome e em homenagem aos que partiram levados pela omissão e pelo negacionismo. E em nome dos profissionais de saúde que, nas "frentes de batalha" das enfermarias e das UTIs hospitalares, colocaram suas vidas em risco para salvar vidas.

Nosso timbre foi ouvido. Nossa voz ecoou e trouxe resultados concretos. Tiramos da escuridão todos os fatos ocorridos desde o início da pandemia. Os percentuais crescentes de imunização pela vacina contra a covid vieram da pressão da CPI, da imprensa e da opinião pública.

Sabíamos da impossibilidade de trazer de volta aquelas vidas perdidas. Mas a CPI, desde o início dos trabalhos, trouxe, mais que esperança, o desejo, felizmente da maioria da comissão, de estancar, ou pelo menos diminuir, o número dos que ainda poderiam receber o bilhete da partida, carimbado pela omissão e pela insensibilidade do governo que passou. Outros pais, outros filhos, outros irmãos, outros amigos. E de combater um negacionismo infelizmente continuado e que resultou na triste estatística de mais de 700 mil mortos.

Por isso, essa CPI não se transformou, ao longo das investigações, em um jogo de resultados combinados. E por ter se fundamentado em fatos continuados, não apenas determinados, ela, pelo menos na maioria dos seus integrantes, não se aquietou diante da má condução das políticas públicas pelo governo anterior (ou pela absoluta falta dele), do negacionismo, da relativização da realidade, da falta de empatia e de compaixão com as famílias a quem não era possível, nem mesmo o ritual da despedida. Por isso, a sensibilidade corria à flor da pele. E foi essa mesma sensibilidade, demonstrada ali ser peculiar às mulheres, pela natural capacidade de transformar comoção em indignação, que fez a diferença, para que a verdade não se submetesse às pressões, não raras vezes cunhadas pela misoginia.

Por isso, a CPI da Covid não seria a mesma sem a participação das mulheres. Ouso dizer que o próprio Senado teve, ali, finalmente, a mescla do timbre feminino no coral de vozes eminentemente masculinas que imperava até então.

Pela sintonia, pela cooperação, pela integração, pelo equilíbrio e pela sensibilidade, a Bancada Feminina do Senado Federal, durante o período da CPI, deu mostras de como seria, de fato, o exercício da boa política, caso ela servisse de exemplo para os trabalhos legislativos. A nossa Bancada deu mostras de que não se contaminou pela polarização política e ideológica, porque a sensibilidade da mulher é como uma agulha imantada que indica o ponto de equilíbrio.

O VOO DAS BORBOLETAS

Não tenho dúvida, também, de que foi a atuação das mulheres na CPI da Covid que colocou essa mesma agulha na bússola de quem buscava uma candidatura de centro para concorrer à Presidência da República. E que, escolhida candidata, não tenha vindo do acaso o lema da minha campanha: "Com amor e coragem". Não fui eleita, mas a História também vai demonstrar que nem eu nem as mulheres brasileiras saímos perdedoras desse processo eleitoral. A História, ela própria, não será a mesma, influenciada pelos avanços políticos das mulheres brasileiras.

6

A FRENTE DEMOCRÁTICA E O LADO CERTO DA HISTÓRIA

A sociedade brasileira sempre quis ver a política com os olhos voltados para a frente e não para os lados. Voltados à proteção da democracia política e o que ela representa em avanços sociais e culturais, em especial nos tempos de crise.

"A Sra. aceitaria ser vice do Dória?". "E se o Eduardo Leite convidar a Sra. para ser candidata a vice na chapa dele?". Essas perguntas me foram feitas, reiteradamente, pelos jornalistas, quando o "Centro Democrático" ainda ensaiava a candidatura à Presidência da República.

Na verdade, teria sido motivo de orgulho, por serem nomes de profundo respeito, mas o que me incomodava, no conjunto de todas as contrariedades comuns às mulheres, era exatamente isto: a mulher, mais uma vez, ser lembrada, como em quase tudo na vida, como "vice", e não vice-versa.

A concepção da Frente Democrática não veio de ninguém, individualmente. Ela veio da compreensão coletiva de uma realidade que não poderia continuar. Nunca se viu uma polarização tão

O VOO DAS BORBOLETAS

extremada como a que foi cultivada e fertilizada nos quatro anos do governo passado, porque, dessa vez, ela se iniciou na política, mas perdeu o controle e se espalhou por todos os campos da vida: nas famílias, entre os amigos, os vizinhos, os colegas de trabalho e, até mesmo, entre os desconhecidos.

A nossa compreensão, como políticos, era de que, se esse extremismo se iniciou na política, somente com a política ele poderia ser debelado. O Brasil sempre se vangloriou pela riqueza da sua diversidade, e aquela situação de extrema polaridade transformava essa mesma riqueza numa perigosa pobreza civilizatória.

Era preciso dissipar essa polarização. Era preciso fortalecer a democracia pela qual tanto lutamos e pela qual tantos perderam suas próprias vidas. Era preciso construir um ponto de equilíbrio, como aqueles pontos fincados para promover o reencontro dos que se perdem na multidão.

O Centro Democrático se constituiu, portanto, num ponto de encontro, sem diferenças políticas e ideológicas ao nível que pudessem também nos dividir, embora elas, quando bem dosadas, sejam positivas, porque têm o condão de promover o contraditório sadio.

Talvez pudesse falar, portanto, de "ponto de reencontro", porque o Brasil já havia passado por um tempo em que diferentes colorações políticas tiveram de se unir para lutar contra as forças antidemocráticas que se instalaram no país, e que se estenderam, no tempo e no espaço, durante duas décadas.

Essa história, ainda que tenha deixado marcas de tristeza e de dor, havia sido debelada com a volta das eleições diretas, da anistia e da promulgação de uma Constituição verdadeiramente democrática e cidadã, exatamente a partir da união dos partidos que, agora, se sentavam à mesa para a construção do Centro Democrático.

Mais ainda: naquela mesma mesa das primeiras reuniões, lá estavam pessoas que participaram diretamente daquele momento tão importante da nossa história. E todos eles, partidos e pessoas, se reuniram em torno de uma única bandeira: a do MDB. O MDB foi o centro democrático em torno do qual se uniram os defensores da democracia, quando foi preciso restaurá-la.

Talvez, então, tenha vindo da História o sopro da minha candidatura. Portanto, se perguntássemos à História a razão da escolha do meu nome para representar o Centro Democrático, ela responderia que o meu nome veio à lembrança pela forma como eu sempre conduzi as minhas missões políticas e que sintetizo em duas palavras: moderação e respeito.

Moderação para compreender as conjunturas (políticas, econômicas, sociais) e as crises, e adotar o caminho do equilíbrio, da ponderação.

Respeito, na compreensão de que mesmo a luta política mais dura não deve se transformar em uma guerra total entre extremos, e que adversários são apenas isto: adversários, que devem ser confrontados e, talvez, até convencidos, e não inimigos que devam ser eliminados. Respeito não só àqueles que defendem posições contrárias às nossas, mas, sobretudo, às instituições democráticas, à Constituição Federal e ao poder maior, fonte dos demais poderes: o povo.

Considero-me, no espectro político – e isso certamente foi essencial na minha escolha –, uma ativa militante da convergência política. Eu sempre comunguei da ideia de que o papel de um centro político é fundamental num país complexo como o Brasil, pois somente ele é capaz de manter trabalhando harmonicamente as várias tendências que (natural e democraticamente) dividem a sociedade.

O VOO DAS BORBOLETAS

Para que não paire dúvida, não confundir essa ideia de centro político, consubstanciado no que se convencionou chamar "Centro Democrático", com a prática do chamado "centrão". A origem desse último agrupamento político remonta ao tempo da Assembleia Nacional Constituinte, mas ele ganhou destaque a partir de 2014, quando parlamentares se uniram, desligados de qualquer atuação ideológica comum, para negociar, com a força do número e com a velha prática do fisiologismo, apoio aos governos, no que se convencionou chamar "toma lá, dá cá". A ideia do "Centro Democrático", por sua vez, foi arquitetada durante o último governo, quando os extremismos ideológicos se exacerbaram, gerando uma situação perigosa para a democracia brasileira. Ele não negocia absolutamente nada, exatamente porque a democracia é inegociável. O seu outro nome poderia ser, então, "Ponto de Equilíbrio".

O Brasil viveu um tempo em que a crise política teimou em bater, de novo, às nossas portas. Infelizmente, a situação política contaminou as mentes de muitas cidadãs e cidadãos brasileiros. Vivemos um clima muito longe do que se poderia definir como centro, porque o país foi lançado muito distante da harmonia, do equilíbrio, da moderação e do respeito. Se não um clima de beligerância, ele foi de intolerância – um vocábulo que até então não existia no coração e na alma dos brasileiros e brasileiras.

O nosso país sempre foi uma espécie de "organização das nações unidas", uma nação de todas as bandeiras, que tremulam juntas, ao sabor dos ventos do respeito ao diferente, na cor, na etnia, no credo, na religião, na cultura, nos costumes, na identidade de gênero, nas origens, na política e na ideologia. Os que, historicamente, se atacam mutuamente lá fora, aqui dentro sempre viveram o clima da boa vizinhança. Os muros que nos separaram recentemente foram, portanto, tais e quais, bandeiras queimadas. Os ventos do respeito se transformaram em furacões de intolerância.

Eu sempre alimentei a mais absoluta certeza de que esse nunca foi o Brasil dos sonhos da imensa maioria do povo brasileiro, nem o país das tábuas políticas que foram gravadas, como legados, pelos nossos antepassados.

A sociedade brasileira sempre quis ver a política com os olhos voltados para a frente e não para os lados. Voltados à proteção da democracia política e o que ela representa em avanços sociais e culturais, em especial nos tempos de crise.

O clima de radicalização política que tomou conta do Brasil no tempo do governo anterior nos empurrou a uma situação de impasse: não queremos, nem podemos, regredir, mas, ao mesmo tempo, não encontramos, naqueles mesmos anos, os melhores caminhos para avançar.

Eu nunca tive dúvida de que a luz para sairmos daquele impasse apontava para uma imediata reconstrução institucional. É que a intolerância que ocorria dentro dos lares, e fora deles, também atingia todas as instituições democráticas. E ela também se retroalimentava, como causa e consequência.

Daí o surgimento da necessidade de consolidar, ou recriar, o espaço do centro democrático no Brasil, naquele momento esmagado (o centro e o país) entre extremos que se mostravam, também cada vez mais, inconciliáveis. Na política e na sociedade como um todo.

A desarmonia entre as pessoas certamente teve como combustível o evidente desequilíbrio entre as instituições que as representam. O ativismo de uma instituição sobre outra, roubando-lhe a função institucional e constitucional, não deixou de ser, também, uma queima de bandeiras. As bandeiras da democracia e do Estado

Democrático de Direito. Os maus exemplos vieram de cima, quando as instituições se embaralharam em ativismos usurpadores do papel uma da outra, o que não deixava de ser, também, um elemento de divisão. Pior ainda, quando as instituições democráticas começaram a ser utilizadas como armas para enfraquecer umas às outras. Os ventos constitucionais da independência e da harmonia entre os Poderes também se tornaram ciclones atuando em sentido contrário.

Nessa guerra, não havia ganhador. Perdia a democracia. A democracia que dá suporte a essas mesmas instituições. Essas instituições – refiro-me, especialmente, às instituições permanentes de Estado – também se encontravam num impasse, incapazes de exercer eficazmente suas funções no equilíbrio da sociedade brasileira.

Eram também ciclones determinados embates que ocorriam entre os Poderes da República, ou entre representantes deles, muitas vezes "fulanizando" críticas que teriam sido mais eficazes se fossem à raiz dos problemas e não se restringissem a ataques e querelas pessoais. Esse tipo de embate pouco contribuiu para que enfrentássemos a crise, mas contribuiu, e muito, para que permanecêssemos por tanto tempo nela.

Esses mesmos embates, ora nos paralisaram, ora nos levaram a caminhos desencontrados. E quando há desencontros, criam-se, ou se consolidam, os extremos políticos e ideológicos. Esses desencontros foram alimentados pela construção de narrativas de pressupostos falsos e numa retórica recorrente, insistente, que transforma a mentira em verdade, o errado em certo. Que muda a realidade e a própria sociedade, muitas vezes sem ela mesma perceber. Chegamos ao ponto de, muitas vezes, não mais sabermos discernir entre o país real, verdadeiro, e o país virtual, errático. Entre a verdade e o sofisma. Convenhamos que não há democracia, em qualquer país, que se fundamente na mentira. Vivemos, naqueles anos, uma prova real disso.

Havia, portanto, um novo paradigma a ser construído, diferente daquele que construiu, entre nós, o maior e mais constrangedor de todos os muros, o das nossas desigualdades de distribuição de renda que nos levaram, de volta, ao Mapa da Fome. Por isso, foi preciso construir, com base em profundo diálogo, um amplo pacto democrático que nos conduzisse à superação da crise – que nos alcançou em diversos âmbitos –, e edificar um projeto nacional democrático e não excludente.

Foi preciso que tivéssemos em mente que país queremos, e para quem. É evidente que não importariam, na construção desse pacto, as nossas profissões de fé políticas e ideológicas, se quiséssemos, de fato, um país soberano, democrático e cidadão. Um país onde se comunga, nos seus compartilhamentos, com a verdade.

Havíamos de nos atrelar a uma política que não admitisse a miopia, nem a hipermetropia. A crise de então parecia indicar que a política brasileira chegara ao astigmatismo. Sem visão de qualquer distância, ou prazo. O olhar político parecia demandar, portanto, correção multifocal, para devolver o olhar de curto, de médio e de longo prazos. Isso serviria para tudo entre nós. Até mesmo na compreensão das nossas diferenças políticas e ideológicas, para melhor focarmos o nosso campo de visão no consenso.

Nasceu dessa convergência de ideias o embrião do "Centro Democrático". Portanto, não somente como um substantivo (centro) porque, sem o adjetivo (democrático), permaneceríamos no astigmatismo de antes.

Estou certa de que vieram, daí, tanto a essência da construção do "Centro Democrático" quanto a escolha do meu nome para representá-lo.

7

A MINHA CANDIDATURA À PRESIDÊNCIA DO BRASIL: UMA CAMINHADA DE ESPINHOS, MAS TAMBÉM DE FLORES

Não ganhei, mas as manifestações que tenho recebido, em especial das mulheres brasileiras, dando conta de que minha atitude as inspirou na formação das suas asas, são o melhor testemunho de que tudo valeu a pena.

Já de início, ainda como pré-candidata, diziam muitos que meu nome não chegaria às tradicionais festas de primeiro semestre. Resumo todas essas datas à Páscoa, porque fiz delas, todas, um rito de passagem.

Continuaram profetizando que eu não passaria pela convenção do meu partido, porque não teria número suficiente de convencionais. O MDB, respondendo afirmativamente como sempre na sua história de luta pela democracia, deu-me 97% dos votos.

Disseram, por fim, que o Centro Democrático se resumiria, mais dias, menos dias, apenas ao MDB, e eis que, ali estavam, sentados à mesma mesa, contrariando as previsões de quem sempre insistiu na contramão da boa política, a segunda maior agregação partidária para as eleições de outubro de 2022: o MDB, o PSDB, o Cidadania e o Podemos.

Se era projeção, não se concretizou. Se era praga, não caiu. Se era misoginia, não vingou. Ao contrário, dobramos a aposta. Escolhemos a minha colega de bancada feminina no Senado Federal, Mara Gabrilli, para ser minha vice. Uma chapa de mulheres, combinando minha experiência acumulada de tantos anos de vida pública com uma lutadora, uma mulher que é exemplo de determinação e coragem. Mara nunca deixou sua tetraplegia impedir sua vontade de viver e fez da causa pública, especialmente da inclusão das pessoas com deficiência, um instrumento de liberdade. Em todos os momentos da campanha, na coordenação, nas ruas, nas praças e nos palanques, sempre contei com o incentivo dos muitos que caminharam e traçaram comigo a rosa dos ventos. Se não foram muitos os governadores, deputados, prefeitos e vereadores, contei com o carinho incomensurável da gente simples que me abraçava e me soprava as melhores energias. Nessa caminhada, contei, em especial, com a presença dos presidentes dos partidos que não arredaram o pé em seguirmos juntos na consolidação do projeto político do Centro Democrático: Baleia Rossi, do MDB; Roberto Freire, do Cidadania; Bruno Araújo, do PSDB; e Renata Abreu, do Podemos. Além deles, digna de louvor foi a presença da juventude de todos os partidos do Centro Democrático. Jovens que, em alguns casos, nem mesmo alcançaram a idade de votar, mas que já devotam tempo e energia na construção do país de todas as idades. Jovens que hoje entoam os nossos hinos, e a quem amanhã entregaremos a nossa bandeira da democracia, do Estado Democrático de Direito, da justiça social, da ética na política.

Não posso deixar de dizer que tive momentos de negação, ditada por decisões pessoais, interesses paroquiais, compromissos

O VOO DAS BORBOLETAS

assumidos anteriormente, ou pelos efeitos da polarização, aos quais meu partido não estava imune. Prova disso era a presença nele de forças minoritárias pró-bolsonaristas capazes, inclusive, de ameaçar a unidade de uma legenda tão histórica. Essa adversidade fez crescer minha convicção de que a escolha do meu nome interessava ao partido. Lembro-me quando o deputado federal Alceu Moreira (MDB-RS) chegou ao meu gabinete no Senado, bem taxativo: "Nós queremos você candidata à Presidência da República".

Quanto mais taxativo, mais firme a confissão do meu susto. Mas não me move dúvida de que, naquele momento, a história do MDB orientou o meu caminho. O meu partido sempre foi aglutinador de ideias; portanto, ele próprio não poderia desagregar-se, principalmente em tempos de profunda, e preocupante, polarização política e ideológica. Foi como se a voz do deputado Alceu fizesse eco de outras vozes, como a de Ulysses, Tancredo, Teotônio e tantos outros. Ela parecia, também, me chegar movida pelo sopro do assovio do meu pai. Fortaleci-me da confiança irrestrita e da palavra fraterna do presidente do partido, deputado federal Baleia Rossi – não por acaso, portanto, eu o considero um irmão político –, preocupado com um possível "racha" no MDB, a manter uma eleição fortemente polarizada, como se antevia sem uma candidatura que se posicionasse como "ponto de equilíbrio". Valeu-me, carregada de emoção pelo que ele também sempre significou na minha vida política, a viva voz da sabedoria política do ex-senador Pedro Simon, ao me posicionar na história do partido, vivenciada por ele. Lembrei-me, por fim, de uma expressão do hino do partido: "É o passo que avança". Foi assim que eu avancei.

Como meu plano, em princípio, não era concorrer a mais um mandato no Senado, embarquei na ideia, com a total liberdade dentro do MDB, para me posicionar contra um presidente, autoritário, armamentista, com a mira apontada para as minorias.

Não nego que, ainda assim, ouvi também vozes que ainda teimavam em não ver uma mulher como protagonista da história. Daqueles que nos colocam, quase sempre, um passo atrás, como meras coadjuvantes, apenas para atender ao falso discurso do politicamente correto.

A esses, eu sempre respondia com os exemplos de mulheres guerreiras pelos nossos mais sagrados direitos, brasileiras como Bertha Lutz, Maria da Penha e Margarida Maria Alves ou Dorothy Stang, além das mulheres que ousaram enfrentar o verdadeiro monopólio dos cargos públicos no Brasil, como a primeira prefeita eleita Alzira Soriano (Lajes/RN, 1928), a primeira governadora, Roseana Sarney (Maranhão, 1994), e a primeira senadora, Eunice Michiles (Amazonas, 1979). Lembrava Rosa Parks, que ousou enfrentar o racismo que não permitia, nem mesmo, que os negros ocupassem os bancos dos ônibus, reservados, unicamente, aos brancos. Citava Indira Gandhi, primeira-ministra de uma Índia de sociedade altamente patriarcal: "quando há uma tormenta, os passarinhos se escondem, enquanto as águias voam mais alto". E lembrava que a águia é símbolo de renascimento e renovação. Frequentemente, é associada a atitudes de coragem e força.

Coragem e força que nunca me faltaram. Costumo dizer que o Brasil, nos quatro anos anteriores, mais parecia um órfão abandonado em um ponto da estrada da história, tentando acordar de um pesadelo. Maltratado pela pandemia, pelo negacionismo e pelo extremismo semeador do ódio entre as pessoas.

Como candidata, carregando comigo o lema "Com amor e coragem", idealizado por um grupo de pessoas ligadas ao Cidadania, e autorizada a sua utilização pelo presidente do partido, Roberto

Freire, procurei fazer que a minha campanha fosse algo assim como um processo de adoção coletiva do país. Sem divisão familiar, sem ódio entre irmãos, vivendo todos o exercício pleno da cidadania e sob o mesmo teto seguro da democracia, para que o Brasil voltasse a ser acolhedor para com todos os seus cidadãos, sem qualquer tipo de discriminação e sem a desigualdade social que tanto nos envergonha.

Não havia mais o que esperar diante de tamanha miséria humana, quando para tanta gente, como na poesia, triste, mas reveladora, de João Cabral de Melo Neto, passou a rondar a morte Severina, aquela de que "se morre de fome um pouco por dia". Quando tanta gente "morre de emboscada" em qualquer idade, na maioria mulheres, crianças e adolescentes, dentro de suas próprias casas.

Para todos eles eu dizia, na minha caminhada, que, "iguais em tudo na vida", inclusive nas causas da própria despedida, de nada adianta a esperança ser a última que morre, porque, se ela é a última a morrer, é sinal de que, pela lógica, a luta por realizá-la se esvaiu antes.

Continuando a parodiar os versos do grande poeta nordestino, a boa política havia dado sinais de morte antes do tempo, ou naqueles quatro anos, e era preciso ressuscitá-la nos corações e nas mentes do povo brasileiro.

Eu não venci, eleitoralmente, a eleição à Presidência do Brasil, assim como não havia vencido, antes, a disputa eleitoral para a presidência do Senado Federal. Porém a minha candidatura, nos dois casos, não foi somente eleitoral, foi essencialmente política.

Nenhuma carreira política é feita apenas de ganhos, mas também de perdas – isso é um fato. Mas é igualmente um fato (e isso aprendi com minhas derrotas) que, às vezes, e isso eu sempre repito, é quando perdemos que nós mais ganhamos. Perdi, dentro da minha própria Bancada, o MDB, a indicação para ser candidata à presidência do Senado, mas isso me pavimentou o caminho para a presidência da CCJ, o que, por sua vez, me posicionou a concorrer ao cargo maior do Senado Federal. Não venci, mas isso me abriu portas para exercer a liderança da Bancada Feminina, o que resultou na performance das mulheres na CPI da Covid. Todo esse caminho trilhado me propiciou o passaporte para que eu disputasse a Presidência da República. Não ganhei, mas as manifestações que tenho recebido, em especial das mulheres brasileiras, dando conta de que minha atitude as inspirou na formação das suas asas, são o melhor testemunho de que tudo valeu a pena.

Ouso dizer que uma das lembranças que ainda pulsam no imaginário popular é minha participação nos debates televisivos entre os presidenciáveis, no primeiro turno da campanha eleitoral. Após esse teste de fogo, o meu telefone tocou. Era o ex-ministro do Supremo Tribunal Federal Carlos Ayres Britto para me parabenizar pelo meu desempenho. Ouvi as palavras mais gentis daquela fase enquanto meu coração palpitava forte com tamanha honraria. Foram poucos, mas intensos minutos cadenciados por uma fala emoldurada em poesia, como lhe é tão peculiar. Fiquei tão emocionada que eu mal conseguia contar ao meu marido, testemunha da cena, o conteúdo daquela generosa conversa com quem tenho em elevada estima. Passados alguns dias, soube de mais uma manifestação do ex-ministro, a qual não poderia deixar de registrar nestas minhas reflexões, gravada aqui a título de profundo agradecimento:

"Eu fiquei muito bem impressionado com a performance de Simone Tebet nos debates, numa perspectiva, antes de tudo, democrática. Quando eu vejo um democrata de raiz, de caule e fronde, o que me

parece o caso dela, eu sempre que posso manifesto o meu agrado, o meu aplauso, para que esse tipo de agente permaneça no cenário político, representando o povo brasileiro. Vi, na presença dela, nesse cenário político, uma bela novidade, de qualidade, uma pessoa à altura do cargo disputado. Eu via com bons olhos e continuo vendo. Nós devemos sempre saudar, manifestar esse agrado, quando surge no cenário político partidário um agente qualificado, eticamente, tecnicamente e democraticamente. Antes de tudo, democraticamente, porque democracia é o princípio dos princípios da Constituição brasileira. E eu vejo nela, em Simone Tebet, um agente público profundamente comprometido com a democracia.

O fato de ser mulher é um acréscimo, porque o primeiro dos direitos fundamentais da Constituição brasileira, artigo 5, diz: 'Homens e mulheres são iguais em direitos e obrigações'. Então, é preciso abrir oportunidades para que as mulheres se pronunciem no cenário social, no cenário político, no cenário econômico, no âmbito do Poder Judiciário. Quanto mais as mulheres ocuparem esses espaços, quanto mais a democracia passa a se fortalecer. Também o fato de Simone Tebet ser do Centro-Oeste é de relevância porque a democracia brasileira tem que ser tão social quanto regional, implicada no desenvolvimento das regiões, no desenvolvimento equilibrado e na abertura de oportunidades, de inclusão social. Isso está na Constituição, artigo terceiro, inciso terceiro: 'Erradicar a pobreza e a marginalização e reduzir distâncias, tanto sociais quanto regionais'".

Também valeu a pena, já no primeiro minuto da campanha do segundo turno, num ambiente de polarização ainda extrema, posicionar-me, sem hesitar, do lado certo da História, apoiando e participando da campanha do único candidato que se provou capaz de derrotar o projeto de golpe autoritário então em marcha, sobre cuja realidade e gravidade, agora, depois dos acontecimentos de dezembro de 2022 e janeiro de 2023, nenhum brasileiro com um mínimo de lampejo de lucidez tem o direito de duvidar.

Minha entrega foi total e absoluta nesta fase. Em Juiz de Fora/MG, debaixo de chuva, fui surpreendida pela maior comoção popular de homens e mulheres que eu até então testemunhara em campanha, durante um ato ao lado do então candidato Lula, na terra de Itamar Franco. Habituada às demonstrações de carinho majoritário das eleitoras, daquela vez o público era heterogêneo. Um mar de apoiadores nos agradecia por aquela aliança. Para mim, valeu o sacrifício pessoal porque, aqui, cabe uma breve revelação íntima que deixou aquela agenda ainda mais singular: naquele dia, eu usava fralda geriátrica, por causa de um procedimento ginecológico a que fora submetida um dia antes, para tratamento de uma descompensação hormonal. Eu não podia adiar, tudo já estava marcado, e a viagem a Minas Gerais também tinha de ser feita. Não passava pela minha cabeça falhar porque nunca fui de fazer nada pela metade: se dei a palavra, ela seria cumprida, ainda que com sacrifício pessoal. Mesmo que abreviado, fiz o repouso requerido pela equipe médica e cumpri meus compromissos, felizmente sem qualquer risco à minha saúde.

Essa posição ao lado da democracia me deu a oportunidade de fazer parte, hoje, de um governo de frente ampla, sob o comando do presidente Luiz Inácio Lula da Silva, cuja maior missão, ao lado do combate à miséria e às múltiplas desigualdades que mancham a nossa história, é a de consolidar a democracia e exorcizar, para sempre, qualquer ameaça golpista e autoritária às instituições e ao Estado Democrático de Direito.

O resultado do primeiro turno da eleição presidencial ainda fazia eco, quando recebi um telefonema da Janja, esposa do então

O VOO DAS BORBOLETAS

candidato Lula, marcando uma conversa política com ele, na residência da ex-senadora Marta Suplicy. Eu já havia alinhavado o meu "Manifesto ao povo brasileiro", no qual deixei muito claro que o meu apoio, em segundo turno, se dava por ser ele o único dos dois candidatos a demonstrar compromisso com a democracia e com a Constituição. Também me posicionei, formalmente, no sentido de que esse mesmo apoio não se vinculava a nenhuma compensação, e sim por um país inclusivo, generoso, sem fome e sem miséria, com educação de qualidade e desenvolvimento sustentável. Enfim, pelo Brasil que sempre sonhei ser de todos. No mais, listei cinco ideias que, a meu ver, poderiam contribuir para a realização desse mesmo sonho. Como se verá no inteiro teor daquele Manifesto mais adiante, todas elas foram acatadas pelo então candidato e colocadas em prática, depois de empossado.

Prova cabal de que, mesmo perdendo eleitoralmente, contribuí para que o Brasil vencesse, politicamente. E que agora, por meio da boa política, possamos, juntos, continuar mantendo os princípios do Centro Democrático, para que possamos, enfim, continuar a sanar os grandes problemas nacionais criados pela má política.

Quanto às "águias" brasileiras, tomara eu também tenha contribuído para que elas, enfim, voem mais alto. Não para fugir às tormentas, mas para dissipá-las, enfim.

8

ENCONTROS E DESPEDIDAS

Passados esses anos, agora em despedida, não encontro outra palavra, ou outras palavras, mas especificamente uma, capaz de oferecer o melhor significado do sentimento que abrigo e que está hoje na minha alma, no meu coração: gratidão. Gratidão a Deus por ter me dado a honra de servir ao meu estado e ao meu país como senadora da República, gratidão ao povo do meu estado que depositou em mim fé e esperança.

...

A ordem que recebi do presidente Lula é para que a Constituição saia das prateleiras frias e dos meros discursos. Por isso, as propostas de campanha e os planos de governo serão nosso mandamento político. O nosso papel, do Ministério do Planejamento, sem se descuidar, em nenhum momento, da responsabilidade fiscal, é colocar todos os brasileiros, sem exceção, no orçamento: as crianças, os jovens, os trabalhadores, os idosos, as pessoas com deficiência.

O VOO DAS BORBOLETAS

Meus poetas prediletos são Fernando Pessoa, Mário Quintana, Manoel de Barros e Cora Coralina. Do primeiro, lembro, no contexto destas minhas reflexões, "Tenho em mim todos os sonhos do mundo". Do segundo, "Sonhar é acordar-se para dentro". Do terceiro, poeta da minha terra, "Que a importância de uma coisa não se mede com fita métrica, nem com balanças, nem barômetros etc. Que a importância de uma coisa há que ser medida pelo encantamento que a coisa produza em nós". Da poetisa goiana, o resumo de tudo: "Entre pedras, cresceu a minha poesia. [...] Quebrando pedras e plantando flores."

O título deste capítulo remete à lembrança da composição de Milton Nascimento e Fernando Brant, que fala da estação da vida, onde o encontro e a despedida são partes da mesma coisa. No caso, a coisa medida pelo encantamento, em matéria de experiência de vida, que ousei produzir nas pessoas, em especial nas mulheres, nas mulheres jovens mais especialmente ainda, que hoje se manifestam pelas redes sociais, nas ruas, nas esquinas e por todos os caminhos por onde passo e procuro deixar o meu melhor rastro.

Os textos do meu discurso de despedida do Senado Federal e da minha posse no Ministério do Planejamento e Orçamento mostram, a meu ver e a meu sentir, que, ambos, também são parte da mesma coisa. Uma coisa que junta amor, coragem, coerência, gratidão.

Eu também tenho em mim todos os sonhos do mundo. Para realizá-los, também tive, primeiro, de me acordar para dentro. Quebrando pedras, plantando flores.

Com amor e coragem
(Discurso pronunciado em 14/12/2022, no plenário do Senado Federal)

É chegada a hora da despedida. Lembro-me, como se fosse hoje, do primeiro dia em que, ainda trêmula, subi nesta tribuna. Lembro-me, naquele momento, das palavras que vieram do meu coração ao dizer, no dia 23 de fevereiro de 2015, que vinha com a mais absoluta vontade de aprender, convicta de que Deus não necessariamente escolhe os capazes, mas que capacita os escolhidos. E disse isso com a convicção da certeza daquilo que vinha no meu coração, porque era aquela a mais pura verdade. Mato Grosso do Sul havia escolhido uma mulher com extrema capacidade de servir e com vontade de aprender, mas que não se sentia capaz de estar à altura do mandato, da missão honrosa que o povo do meu estado havia me delegado.

Passados esses anos, agora em despedida, não encontro outra palavra, ou outras palavras, mas especificamente uma, capaz de oferecer o melhor significado do sentimento que abrigo e que está hoje na minha alma, no meu coração: gratidão. Gratidão a Deus por ter me dado a honra de servir ao meu estado e ao meu país como senadora da República, gratidão ao povo do meu estado que depositou em mim fé e esperança.

No limite das minhas naturais limitações e possibilidades, procurei fazer da fagulha da esperança de muitos um facho de luz para iluminar os caminhos do povo brasileiro. A busca por igualdade de oportunidades sempre foi a minha grande missão, a minha grande causa, e por ela lutei.

Lutei por um Brasil justo e solidário. Lutei para que cidadania não fosse apenas uma mera figura de retórica, nem se restringisse ao simples ato de ir às urnas para votar, mas pudesse ser a mais absoluta e plena. Nas palavras de Ulysses Guimarães, que a cidadania pudesse representar aquilo que está na Carta Magna: *"só é cidadão quem ganha justo e suficiente salário, lê e escreve, mora, tem hospital e remédio, lazer quando descansa."*

Nos últimos quatro anos, lutei com o fiel propósito, nesses tempos difíceis do atual Governo, para, junto com a Bancada Feminina, superar o ódio, a violência, as injustiças, a incúria política e administrativa, o descaso e a omissão que, infelizmente, marcaram, nesse tempo, a cena política brasileira.

A minha luta foi inspirada nos grandes homens públicos que por aqui passaram, mas os senhores não têm ideia do quanto a nossa convivência marcou a minha vida política. E hoje saio muito maior e engrandecida, porque levo comigo um pedacinho da experiência e das qualidades e dos atributos de cada um das senhoras e dos senhores.

Vinda do interior do interior do Brasil, jamais imaginei chegar tão longe. Jamais me imaginei ocupando espaços que, durante dois séculos, 198 anos, sempre foram ocupados, dominados pelo timbre masculino. Fui a primeira mulher presidente da Comissão Mista de Combate à Violência contra a Mulher do Congresso Nacional.

Fui a primeira presidente da comissão mais importante desta Casa, a Comissão de Constituição, Justiça e Cidadania, e, graças à bancada do meu partido, sempre e eterno, meu partido MDB, por unanimidade, fui a primeira mulher a liderar a maior bancada da época, a nossa Bancada do MDB. Só tenho uma palavra a todos vocês, queridos companheiros, de novo: gratidão.

Com muito orgulho, fui a primeira líder da Bancada Feminina no Senado Federal. E aqui eu preciso pedir ao Brasil que me escute: que vocês possam – tomo a liberdade para dizer isso – dar mais atenção às mulheres que fazem política no Brasil. Vocês vão descobrir talentos. Vocês vão descobrir competência, ética, respeito e, acima de tudo, um amor incondicional de mãe e de mulher por este país e por todas as pessoas.

O que mais me incomodou como candidata à Presidência da República foi dizerem: "Como é que nós descobrimos, somente agora, uma candidatura feminina?". Isso, as mulheres, as meninas falando. E eu peço ao Brasil, agora que saio, que através da TV Senado, das redes sociais, acompanhem os trabalhos dos nossos colegas, mas deem um olhar especial para cada uma das deputadas, das senadoras, das parlamentares, das mulheres que fazem política no Brasil e vocês vão ver quantos talentos – e quanto desperdício de capacidade – está o Brasil perdendo, na defesa da causa pública.

Os registros do Senado dão um testemunho dos avanços na legislação da nossa Bancada, não só no combate à violência contra a mulher, em que tivemos a unanimidade dos votos com os Parlamentares homens, mas na nossa luta contra qualquer tipo de discriminação.

Ouso dizer que nós somos, de uma certa forma, um espelho desse coletivo democrático que queremos, porque nós temos sotaques diferentes, somos de partidos diferentes, de ideologias diferentes, mas nós nos unimos em uma só voz para defender a causa da mulher, da mãe, do idoso, da criança e da família.

Caros colegas, democracia e direitos constitucionais não podem se limitar a discursos de ocasião. A Constituição é a nossa maior e mais abrangente luz, não pode ser mero ornamento nas prateleiras vazias. Nossa missão é garantir que os direitos mais sagrados, invioláveis, individuais, fundamentais, como direito à vida, à

O VOO DAS BORBOLETAS

liberdade, à igualdade e à propriedade, não sejam apenas de poucos, mas de todos.

Ao longo da minha caminhada, aprendi que não se luta apenas para vencer, repito, não se luta apenas para vencer. Confesso aqui que ganhei muito mais nas vezes em que perdi as batalhas. Se a gente luta, é para defender projetos, para disseminar ideias, para iluminar caminhos, para plantar boas sementes para ter uma colheita coletiva no futuro. Eu não posso negar que, em determinados momentos, fui ao limite da minha capacidade física e mental.

Aqui, uma palavra em relação à CPI da Covid. Fiz da minha indignação coragem, ao constatar que mais de 700 mil pessoas perderam as vidas, e que, muitas delas, poderiam estar vivas não fosse uma política de saúde pública movida pela insensatez, pela insensibilidade e pela omissão.

Há tanto por fazer e há tantos retrocessos a combater. É preciso, urgentemente, que o livro volte ao lugar das armas; a esperança ocupe o lugar da iniquidade; a verdade varra, definitivamente, a mentira; o ouvido conciliador volte a ocupar o lugar do grito de ordem; e que o diálogo assuma o lugar do ditado, para que o amor, também definitivamente, tome o lugar do ódio.

Da minha parte, despeço-me agora, hoje, do Senado Federal, mas não da vida pública. Não sei aonde a vida vai me levar, mas farei política enquanto viver, como cidadã, como professora, como advogada, repito aonde quer que a vida me leve.

Lutarei e continuarei a lutar por um Brasil sem fome e sem miséria, por saúde e educação de qualidade, que devolvam a cidadania e nos retirem dessa vergonhosa situação de ser um dos países com maior desigualdade social do planeta; por um Brasil que volte a ter, na nossa diversidade, a nossa maior riqueza; afinal, somos um único país. Um país cujo trem da história viaja no tempo em uma mistura afinada dos sons do chamamé, do cururu, do carimbó, da lambada, do trevo, do samba de roda, da moda de viola; o mesmo trem da história que atravessa este país unido pela riqueza dos sabores do churrasco, do sobá, do porco no rolete, do peixe à pantaneira, do arroz com guariroba, do acarajé, do sarapatel, do frango ao molho pardo e do arroz com pequi.

Quero, com essas palavras, aqui fazer uma homenagem, citando todas as regiões do país, a cada um dos senadores e senadoras que aqui estão, de todas as regiões e, com isso, fazendo também uma homenagem a esse maravilhoso povo brasileiro.

Um país, enfim, cujo povo cultiva, em terra fértil, com seu trabalho, sua arte e seus sabores, o futuro que todos nós queremos.

Foi pela realização desses sonhos que aceitei a nobre missão a mim delegada pelo meu irmão político, presidente do MDB, Baleia Rossi. Não foi fácil a decisão, mas sabia que estava em boas mãos, sabia que você iria me encaminhar para o bom caminho e agradeço a você, em nome de muitos companheiros que estiveram conosco, porque viu atributos em mim, atributos que eu não sabia que tinha, especialmente o amor e a coragem para servir ao Brasil. Na sua pessoa, agradeço ao meu partido.

Agradeço agora, na fase final – e essa é a fala final do meu discurso –, a todos os funcionários desta Casa. Sou testemunha de que vocês são o coração, a alma e o pulmão do Senado Federal. Nós passamos; vocês permanecem, porque nós somos passageiros; vocês são necessários, são missionários da causa pública.

Um agradecimento especial ao pessoal do meu gabinete, na figura da minha Chefe de Gabinete, Jacqueline. Todos vocês fizeram um coral de vozes afinadas, capazes e profissionais. Caminhamos juntos e, nas horas mais difíceis, fizemos a travessia de mãos dadas. Agradeço, agora, à minha família.

Mãe, eu quero que você saiba que a minha ausência frequente só fez aumentar, em profundidade e em amplitude, a presença dos ensinamentos morais que você plantou dentro de mim. Se alguma vez, se em algum momento, eu fiz luz, ela foi inspirada nos seus ensinamentos de vida que nortearam cada decisão que eu tomei e cada voto que eu proferi. Por isso, de público, eu te digo: eu te amo!

Às minhas filhas, minhas duas Marias, peço perdão pela minha ausência nas passagens mais difíceis. Fica a esperança de que tudo tenha sido um grande e profundo aprendizado para vocês.

Ao meu marido, companheiro de todas as jornadas, que dividiu comigo todas as angústias e tornou as minhas ações e decisões mais leves, o meu eterno amor.

Por fim, como gratidão suprema, lanço meus olhos a Deus, em louvor, pela oportunidade de trilhar os mesmos caminhos do meu pai, desde quando, ainda menina, outros trens da vida nos levaram de mãos dadas de Três Lagoas, nossa terra natal, onde ambos fomos prefeitos, a esta tribuna, como senadora e senador da República.

Foram muitas estações comuns até chegar a este pedacinho de chão. Hoje, sinto a sua presença plena. Aonde quer que o trem da vida me leve, agora sei que continuarei a ouvir o alento de seu assovio e a sentir a firmeza de suas mãos.

Gratidão!

Eu falo, com toda a convicção de quem tem um temor e um amor incondicional a Deus, que me guia em todos os momentos. Eu acho que, apesar de todas as primeiras vezes, sem desmerecê-las, eu vim para a vida pública por uma única razão: para que, quando o Brasil mais precisasse, eu pudesse, em nome das mulheres brasileiras, ter coragem e fazer o gesto mais difícil da minha vida pública, vindo eu de um estado tão conservador. Estou pagando um preço muito alto por isso. Faria tudo de novo.

Portanto, eu quero deixar registrado, que possa ser transcrito nos *Anais* desta Casa – eu que já fiz tantos discursos na minha vida, não foram poucos –, o documento que eu redigi, em uma madrugada, assim que teve o resultado do primeiro turno. Eu redigi um manifesto ao povo brasileiro e disse isso e isso foi televisionado ao vivo.

Esse manifesto ao povo brasileiro é o manifesto que eu fiz e é o documento mais importante que eu já redigi na minha vida. Eu não vou ler para não cansá-los, mas eu gostaria apenas de uma frase: "Há um Brasil a ser imediatamente reconstruído. Há um povo a ser novamente reunido. Reunido na diversidade, antes e sempre, a nossa maior riqueza, hoje esmigalhada por todos os tipos de discriminação. Neste ponto, um desabafo: de que vale irmos às nossas igrejas proclamar nossa fé se não somos capazes de pregar o Evangelho e o respeito ao nosso próximo nos nossos lares, no nosso ambiente de trabalho, nas ruas de nossa pátria?"

Manifesto ao povo brasileiro
(5 de outubro de 2022)

Eu venho aqui, nesta tarde – que é uma tarde histórica porque, afinal, hoje é dia 5 de outubro, dia em que, há 34 anos, foi promulgada a nossa Constituição Cidadã – para apresentar um manifesto ao povo brasileiro.

Minha candidatura à Presidência da República se fez diante de um país dividido pelo discurso do ódio, da polarização ideológica e de uma disputa pelo poder que não apresentava as soluções concretas para os reais problemas do Brasil. Minha intenção foi construir uma alternativa a essa situação de confronto que não reflete, nem a alma, nem o caráter do povo brasileiro. As urnas falaram, o povo brasileiro se fez ouvido, cumpriu-se o rito da Constituição. Venceu a democracia!

Tive 4.915.423 votos, pelo que agradeço do mais fundo do coração, por cada um deles. Mas aprendi, ao longo da minha vida pública, que não se luta apenas para vencer, mas para defender projetos, iluminar caminhos, plantar sementes para uma colheita coletiva. O eleitor optou por dois turnos. Em face de tudo que testemunhamos no Brasil nos últimos tempos e do clima de polarização e de conflito que marcou o primeiro turno, não estou autorizada a abandonar as ruas e as praças, enquanto a decisão soberana do eleitor não se concretizar.

A verdade sempre me foi companheira, e não será agora que irei abandoná-la. Sim, critiquei os dois candidatos que disputarão o segundo turno e continuo a reiterar as minhas críticas, mas pelo amor que tenho ao Brasil, à democracia e à Constituição, pela coragem que nunca me faltou, peço desculpas aos meus amigos e companheiros que imploraram pela neutralidade neste segundo turno, preocupados que estavam e estão com eventual perda de algum capital político, para dizer que o que está em jogo é muito maior do que cada um de nós.

Votarei com a minha consciência e com a minha razão. Votarei com a minha razão de democrata e com a minha consciência de brasileira. E a minha consciência me diz que, neste momento tão grave da nossa história, omitir-me seria trair a minha trajetória de vida pública desde quando, aos 14 anos, pedi autorização à minha mãe para ir às ruas lutar por Diretas Já. Seria desonrar a história de vida pública de meu saudoso pai e de homens históricos do meu partido e de minha coligação. Não anularei meu voto, não votarei em branco, porque não cabe a omissão da neutralidade.

Há um Brasil a ser imediatamente reconstruído. Há um povo a ser novamente reunido. Reunido na diversidade, antes e sempre, a nossa maior riqueza, hoje esmigalhada por todos os tipos de discriminação. Neste ponto, um desabafo: de que vale irmos às nossas igrejas proclamar nossa fé se não somos capazes de pregar o evangelho e o respeito ao nosso próximo nos nossos lares, no nosso ambiente de trabalho, nas ruas de nossa pátria?

Nos últimos quatro anos, o Brasil foi abandonado na fogueira do ódio e das desavenças. A negação atrasou a vacina. A arma ocupou o lugar dos livros. A iniquidade fez curvar a esperança. A mentira feriu a verdade. O ouvido conciliador deu lugar à voz esbravejada. O conceito de humanidade foi substituído pelo desamor. O Brasil voltou ao Mapa da Fome. O orçamento, antes público, necessário para servir o povo, tornou-se secreto e privado.

Por tudo isso, ainda que mantenha as críticas que fiz ao candidato Luiz Inácio Lula da Silva, em especial nos seus últimos dias de campanha, quando cometeu o erro de chamar para si o voto útil,

O VOO DAS BORBOLETAS

que é legítimo, mas sem apresentar suas propostas concretas para os reais problemas do Brasil, depositarei nele o meu voto, porque reconheço o seu compromisso com a democracia e a Constituição, o que desconheço no atual presidente. Repito, depositarei nele o meu voto, porque reconheço no candidato Lula o seu compromisso com a democracia e com a Constituição, o que desconheço no atual presidente. Meu apoio não será por adesão, meu apoio é para um Brasil que sonho ser de todos, inclusivo, generoso, sem fome e sem miséria, com educação e saúde de qualidade e com desenvolvimento sustentável. Um Brasil com reformas estruturantes, que respeite a livre iniciativa. Que incentive o agronegócio e defenda o meio ambiente, e que propicie comida mais barata, emprego e renda.

Meu apoio é por projetos que defendo e ideias que espero ver acolhidas. Dentre tantas que julgo importantes, destaco cinco, tendo sempre, na responsabilidade fiscal, uma âncora fiscal como o meio de se alcançar o social:

1. Educação: ajudar municípios a zerar as filas na educação infantil para crianças de três a cinco anos e implantar, em parceria com os estados, o ensino médio técnico, com período integral, conectividade e premiando, com uma poupança no valor de R$ 5 mil, os nossos jovens que concluírem o ensino médio, como incentivo para que eles não abandonem as escolas. Nossos jovens precisam voltar para os bancos escolares.

2. Saúde: zerar as filas de exames, consultas e cirurgias que ficaram atrasadas no período da pandemia, aumentando o repasse do Orçamento para o Sistema Único de Saúde.

3. Resolver o problema do endividamento das famílias, especialmente para quem ganha até três salários-mínimos.

4. Sancionar a lei que iguale salários entre homens e mulheres que desempenham, com currículos semelhantes e equivalentes, as

mesmas funções. O projeto já foi aprovado no Senado e encontra-se parado na Câmara dos Deputados.

5. Construir um ministério plural, com homens, mulheres, negros, pessoas com deficiência, tendo todos, como requisitos, a competência, a ética e a vontade de servir ao povo brasileiro.

Além desses pontos, outros foram apresentados na conversa que tive com o presidente Lula, no almoço de hoje. Cabe a ele, agora, a palavra em relação a esses pedidos.

Quero finalizar dizendo que, até 30 de outubro, estarei vigilante, nas ruas. Meu grito será pela defesa da democracia e da justiça social, minhas preces por uma campanha de paz.

União, pacificação, reconstrução
(Discurso de posse como ministra do Planejamento e Orçamento)

O último domingo foi, sem dúvida, um dos dias mais importantes da nossa história. Um dia tomado por um misto de profunda alegria e de alívio reconfortante, depois de quatro anos de negacionismo à vida, ataques à Constituição, discursos de ódio, mentiras deslavadas, divisão entre nós, brasileiros.

Domingo, dia 1 de janeiro de 2023, foi dia de festa. Festa da democracia. Foi o dia da paz. O dia do reencontro do Brasil com a sua história.

O povo brasileiro fez ouvida sua voz. Cumpriu-se o rito da Constituição. Venceu a democracia. No discurso do presidente Lula, ficou evidente a diferença entre democracia e barbárie. Onde se viam as armas, ali estava o livro; onde se sentia a desigualdade, ali se via o sonho de igualdade; onde se pregou a injúria, ali estava a defesa da vida, da diversidade e do meio ambiente; onde se via a insensibilidade e a indiferença, ali se estampou a emoção de um presidente que não descansará enquanto o Brasil não estiver devidamente alimentado; onde se ouvia o grito de ordem, ali se via a conciliação. Aliás, foram três as palavras de ordem do presidente Lula: união, pacificação, reconstrução. Ali se retomava o curso normal da oração de São Francisco: onde havia o ódio, agora se levará o amor.

Quis Deus e o destino que eu participasse deste momento histórico. Primeiro, como candidata à Presidência por uma frente democrática de partidos, e ali ganhei a consciência da importância do papel que necessitava desempenhar. E de que, na vida, não se luta apenas para vencer, mas para construir as melhores ideias, defender projetos, iluminar caminhos, plantar sementes para uma colheita coletiva.

No segundo turno das eleições, tomei a decisão imediata de mergulhar na candidatura do presidente Lula. Deixei claro no meu "Manifesto ao povo brasileiro" que o meu apoio nada tinha a ver com barganhas, cargos ou ministérios. O fiz porque vejo, no presidente Lula, o compromisso pela democracia que jamais percebi no outro candidato. Não havia dois candidatos democratas no segundo turno: apenas um.

Vencidas as eleições, fui convidada pelo presidente Lula a fazer parte do seu ministério. Aceitei, porque entendi ser necessária a presença da frente ampla, num país dividido ao meio.

Embora a minha surpresa pelo convite para assumir uma das pastas mais importantes de seu governo, o Ministério do Planejamento, porque, afinal, temos pensamentos diferentes na pauta econômica, me moveu a certeza de que tudo o que nos une é infinitamente maior do que aquilo que nos separa: a defesa da democracia e o compromisso de tornar cada brasileiro um cidadão na sua plenitude. Isso somente é possível com um crescimento econômico duradouro, que gere emprego e renda para os brasileiros, capaz de tirar o Brasil do mapa da fome e de financiar políticas públicas necessárias ao desenvolvimento econômico e social, que é o crescimento com distribuição de renda.

Quando o presidente Lula diz que somente verá cumprida a sua missão se alcançar o objetivo de que todos os brasileiros, sem exceção, possam ter todas as refeições necessárias à vida, ele dá a orientação comum a todos os ministérios: que se cumpra a Constituição, e que todos os brasileiros alcancem a verdadeira cidadania.

A ordem que recebi do presidente Lula é para que a Constituição saia das prateleiras frias e dos meros discursos. Por isso, as propostas de campanha e os planos de governo serão nosso mandamento político. O nosso papel, do Ministério do Planejamento, sem se descuidar, em nenhum momento, da responsabilidade fiscal, é colocar todos os brasileiros, sem exceção, no Orçamento: as crianças, os jovens, os trabalhadores, os idosos, as pessoas com deficiência. O plano de governo tem de caber no plano plurianual. Essa é a nossa árdua – mas possível – missão.

Como decorrência do negacionismo, durante quatro anos, de um presidente insensível, irresponsável e incompetente, faltou vacina, falta comida, falta remédio, falta emprego, falta educação, falta cultura, falta vida.

Os destroços deixados pelo governo que se encerrou são fruto da falta de definição de um norte imantado pelo interesse coletivo. Basta dizer que um dos primeiros atos do ex-presidente foi a extinção do Ministério do Planejamento. No primeiro dia do seu mandato, ele já começou a desgovernar, sem rumo.

Diante da maior tormenta sanitária da nossa geração e do negacionismo do seu governo, o presidente Bolsonaro deixou, como legado, um país com 33 milhões de pessoas passando fome, 125 milhões com algum grau de desnutrição, cinco milhões de crianças dormindo com estômagos vazios, nove milhões de desempregados, 40 milhões em emprego informal, sem qualquer segurança de futuro, além de quase cinco milhões de desalentados, porque as placas de "não há vagas" também tomaram o lugar das de "precisa-se".

A diferença de sensibilidade, também aí, se mostrou muito clara: antes mesmo de tomar posse, o presidente Lula anunciou a recriação deste Ministério do Planejamento, com o intuito explícito de dar um horizonte ao seu governo, desde o primeiro dia.

Temos de remontar este Ministério, agora a ser composto por uma equipe que tenha uma visão interdisciplinar, compreensiva e horizontal da realidade. Ainda bem que, apesar de todos os percalços, o corpo técnico efetivo e experiente permanece, com o apoio fundamental do

IPEA e do IBGE. Teremos, assim, os melhores diagnósticos, para indicar os caminhos mais apropriados para alterar uma realidade que se conclui ser incompatível com o que se deseja para o país.

A determinação do presidente Lula é a de que sejamos alicerces, como suportes para todos os ministérios, o que significa diagnósticos bem elaborados, objetivos bem definidos, metas factíveis, estratégias condizentes, fontes garantidas de financiamento, seja no orçamento ou por meio de parcerias, e avaliações periódicas que retroalimentem todas as outras fases, porque são essas as etapas principais de um bom planejamento.

Sem um conhecimento claro da realidade, o planejamento seria algo assim como primeiro ir à farmácia, pesquisar os remédios disponíveis e os preços de cada um, para, somente depois, determinar a doença do paciente. Periga enfaixar um braço, quando o mal poderia ser uma úlcera no estômago.

Feito o planejamento, vem o mais difícil: o orçamento. É preciso levar em cuidadosa consideração os gastos públicos. Aí, terá o nosso lado conciliador. Conciliar as necessidades e prioridades estabelecidas por cada ministério, dentro de suas respectivas atribuições, com os recursos disponíveis. Recursos públicos e parcerias, que serão construídas dentro do programa a ser elaborado, o PPI (Programa de Parcerias de Investimento).

Assim como não se faz um plano de voo como se todas as aeronaves fossem iguais, os diferentes segmentos do governo também têm as suas especificidades, ou as suas prioridades. O planejamento global evita o risco de colisão, ou da direção superposta aos mesmos destinos, deixando outros descobertos. A duplicação de funções resulta na perda decorrente de recursos públicos.

Não temos margem para desperdícios ou erros. Definidas as prioridades por cada ministério, caberá ao Ministério do

O VOO DAS BORBOLETAS

Planejamento, em decisão política conjunta com o presidente Lula, o papel de enquadrá-las dentro das possibilidades orçamentárias. Este Ministério tem a missão de apresentar a fotografia, o raio X do Brasil, seus problemas e potencialidades. Dar a visão horizontal do país para que as demais pastas, em seus mergulhos verticais, sejam mais precisas nas ações.

Esse diagnóstico será traçado com participação popular, por meio de audiências públicas, que é a partir de onde também construiremos o planejamento participativo.

Vamos nos debruçar sobre todos os segmentos, porque o planejamento é global e, por definição, integrado. Por mais profunda, ou vertical, que seja a análise de um segmento específico, a realidade sempre teima em se mostrar integrada, horizontal.

Por evidente, as energias do ministério de Planejamento, para oferecer luzes aos demais ministérios, virão de uma sinergia com o ministro da Fazenda, Fernando Haddad. Comungo com ele da necessidade, premente, da reforma tributária. No Ministério da Fazenda, ela não poderia estar em melhores mãos, sob a orientação do ministro Haddad e capitaneada pelo Bernard Appy. Digo, de princípio, que elas também caminharão de mãos dadas com as nossas, dos técnicos do nosso ministério e dos demais ministérios afins, assim como do Congresso Nacional, porque a reforma tributária é uma das mais necessárias para garantir o crescimento necessário para gerar os empregos que o Brasil tanto necessita.

Nossos ministérios vão atuar convergentes no propósito de crescimento econômico duradouro capaz de gerar emprego, renda e qualidade de vida aos brasileiros, com foco na racionalidade e na qualidade dos gastos públicos. É nosso dever opinar e interagir, para que os gastos atinjam os objetivos propostos pelo governo e desejados pela sociedade.

O presidente será, sempre, o árbitro de eventuais divergências e tem a última palavra nos impasses técnicos ou políticos. Ao lado de Geraldo Alckmin e de Esther Dweck, teremos um diálogo produtivo nas reuniões da equipe econômica.

Como uma de minhas prioridades, vou tirar do papel o meu discurso da necessidade da construção de um plano nacional de desenvolvimento regional. É preciso atacar as desigualdades sociais e regionais que tanto nos envergonham. É inadmissível, como expressão maior dessa nossa dívida, que continuemos nesta situação vergonhosa em que a cara mais pobre do Brasil seja a de uma mulher, negra e nordestina.

Embora a preocupação maior seja com o hoje e, portanto, com a LOA (Lei Orçamentária Anual), daremos um enfoque especial ao PPA (Plano Plurianual), que também será participativo, baseado em audiências públicas e feito com a participação da sociedade civil, como quer o presidente Lula, e como deve ser feito.

Cada decisão nossa buscará responder a três perguntas: quem somos, que Brasil queremos e para quem queremos este Brasil. É este o papel mais importante do Ministério do Planejamento: que as respostas a essas perguntas, fundamentadas nas informações trazidas pelo Censo Demográfico do IBGE, pelas análises elaboradas pelo IPEA e pelas secretarias do Ministério do Planejamento, façam eco na realidade, sem desperdícios de dinheiro público e procurando, no limite máximo do possível, atender às necessidades da população brasileira.

Vamos criar as condições para que as ações dos Ministérios, de todos os Ministérios, sejam efetivas.

Sabemos do desafio de suceder um governo irresponsável que, diante de ações eleitoreiras, levou ao aumento da inflação, dos juros, da miséria e da fome no Brasil.

Não há problema maior em uma economia do que a inflação. Além de ser especialmente cruel com os mais pobres, a inflação torna a vida de toda a sociedade mais angustiada. Ela encarece investimentos, atrapalha a criação de empregos e cria uma ciranda negativa.

Nós não podemos deixar o Banco Central sozinho no combate à inflação. Em 2021 e em 2022, o BC aumentou fortemente os juros apontando, em suas atas, o desajuste com a política fiscal. A piora da política econômica forçou o Banco Central a praticar juros muito mais elevados para derrubar a inflação do que seria preciso em condições mais equilibradas.

Com uma política econômica mais crível, sem "puxadinhos", e com Planejamento transparente e moderno, estou segura de que o Banco Central terá condições de reduzir a taxa de juros. A inflação se reduzirá. Este novo equilíbrio será vantajoso para toda a sociedade, em especial para os mais pobres. Equilíbrio, senhoras e senhores, é um termo-chave para mim. Eu aprendi desde cedo, dentro de casa, a importância dessa palavra. Aprimorei esses aprendizados durante meus tempos de formação, estudando justamente a formação e a administração do Estado no Brasil, e, em seguida, com minha prática política.

É com este espírito que estamos formando nossa equipe. Uma equipe técnica, preparada, que nos acompanhará nessa nova missão.

Em conjunto com o Ministério da Fazenda, reconstruiremos o Orçamento público em novas bases, mais modernas e democráticas.

Teremos, além da SOF, da Seplan e da Secretaria de Assuntos Econômicos, Desenvolvimento, Financiamento Externo e Integração Regional, a Secretaria de Monitoramento e Avaliação de Políticas Públicas e Assuntos Econômicos. Um plano geral de revisão das despesas públicas se faz necessário diante da escassez de recursos e da crise social.

Avaliar e monitorar as ações e políticas públicas para melhorar e aperfeiçoar o que precisa ser melhorado, e sem medo de sugerir a extinção do que não é eficiente ou o que não esteja atendendo ao interesse público.

Para ser efetivo, o Orçamento público precisa ser transparente e indicar a toda a sociedade o quanto o governo gastará ao longo de um ano e, em plano mais geral, ao longo de dois, três, quatro anos. São informações a que a sociedade, democraticamente, deve ter acesso: quanto se gasta com salários, com aposentadorias, com programas sociais, com ciência e tecnologia, com saúde, com educação.

Para ser efetivo, o Estado precisa avaliar o impacto de seus gastos. É para isso que criamos uma secretaria específica para o monitoramento de políticas públicas. Gastamos muito ou pouco com cada política? Devemos gastar mais com uma, mais efetiva, do que com outra, menos efetiva? Tudo isso deve ser discutido, sem atropelos e com transparência.

É democrático esse espírito que envolve transparência, monitoramento e rigor com o dinheiro público. Somos parceiros dos controladores, como o Tribunal de Contas da União, justamente porque seguimos o preceito básico da Constituição brasileira que todos juramos defender.

Mas, para ser efetivo, o Estado precisa ter recursos à sua disposição. Nesse sentido, é imprescindível estabilizar e reduzir a dívida pública, bem como priorizar o controle de gastos. O descontrole levou a ação do Banco Central, com o remédio amargo, a juros altos. A política fiscal descoordenada da política monetária gerou o pior dos mundos: tanto a inflação quanto os juros estão altos.

Não pode ser assim.

Não respeitar as contas públicas pode gerar a ilusão de melhorias no curto prazo. Mas o boleto sempre chega e empobrece a classe média e leva os pobres à miséria. Precisamos, com equilíbrio, romper com essa desconexão entre política fiscal e política monetária.

Reforço que sei do tamanho do desafio. Mas eu estou confiante. Os técnicos que trouxemos para reconstruir o Ministério são competentes e têm espírito público. Contaremos com o apoio da academia e da sociedade civil. O setor privado brasileiro, um verdadeiro motor da criação de empregos e da geração de renda, pode ser inspirado a partir de uma política econômica moderna, de equilíbrio e de respeito ao dinheiro público e às demandas sociais. Com novos marcos regulatórios, com segurança jurídica e, repito, com o equilíbrio da política econômica, o setor privado poderá nos ajudar no crescimento econômico duradouro e sustentável.

Por fim, quero destacar o papel primordial que o Orçamento reconstruído terá. O Orçamento público é uma peça extremamente relevante, porque indica as prioridades. Ele precisa ser transparente e, ao mesmo tempo, precisa passar por escrutínio. A sociedade tem o direito de reclamar por mudanças de prioridades, como melhores gastos sociais e menos desperdício.

Nosso Ministério, parte constitutiva da equipe econômica ao lado dos ministros Fernando Haddad, Geraldo Alckmin e Esther Dweck, atuará com responsabilidade e senso de urgência.

A política social é central para o país neste momento dramático que vivemos. Se não há política social sustentável sem uma política fiscal responsável, e não há, vamos ser responsáveis com o fiscal para usar os gastos públicos com o primordial: o social. Garantir pão a quem tem fome, abrigo aos sem-teto, emprego e renda aos desempregados, hospitais e remédios aos enfermos, escola de qualidade, esporte e cultura às nossas crianças e aos nossos jovens. Essa é a nossa missão. Esse é o nosso desafio.

Que Deus proteja nosso imenso e amado Brasil.

9

MENSAGEM ÀS "CRISÁLIDAS"

Sonho que as jovens crisálidas rompam os seus casulos e assumam plenamente a liberdade de suas asas abertas, pois só assim conquistarão o direito de voar.

Crisálida significa "o que é latente, não consolidado, nem completamente terminado; em estágio de preparação, geralmente esperando que algo se efetive". No sentido figurado que utilizei nestas minhas reflexões sobre a linha do tempo da minha vida, tem o significado de uma jovem a quem, por inúmeras razões, falta um último sopro para que possa realizar os seus melhores sonhos.

Foram vocês, crisálidas do agora, as maiores inspiradoras desta minha decisão de revolver os escaninhos da memória. Foram as mensagens, as "cartinhas" e as palavras de vocês, lidas, ouvidas e sentidas por onde passei, que me fizeram romper o casulo dos discursos convencionais, marcados pelo formalismo imposto pela liturgia dos cargos que exerci ou que disputei.

Foram as manifestações que vocês carinhosamente me dirigiram, e que também carinhosamente recebi, que me fizeram

O VOO DAS BORBOLETAS

perceber que não devemos, apenas, indicar caminhos. Disse o poeta que "os caminhos se fazem ao caminhar". Vocês me fizeram entender que deixei rastros pelos caminhos que desbravei. Mas me fizeram entender, também, que não os desbravei sozinha, pois sempre tive vocês ao meu lado. É isso que me permite sugerir, ao poeta, que, se os caminhos se fazem ao caminhar, eles serão tanto mais firmes, amplos e generosos, quanto mais sejam compartilhados.

Por isso, sinto todas vocês ao meu lado, mais uma vez, ao afirmar que tudo valeu a pena.

Valeram a pena as léguas percorridas (de Leste a Oeste, de Sul a Norte) pelas trilhas deste país tão imenso, tão amado e ainda tão desconhecido por todas nós. É como se o descobríssemos e construíssemos ao mesmo tempo em que o percorríamos. Havemos de percorrê-lo tantas vezes quantas forem necessárias para que possamos afirmar que ele nos pertence e que nós a ele pertencemos – para que possamos transformá-lo, finalmente, no país com o qual sonhamos e onde poderemos, enfim, transformar a nós mesmas na realidade que faça justiça a esses sonhos.

Valeu a pena conhecer tantos rostos diferentes, receber tantos abraços generosos, compartilhar tantos anseios, esperanças e, por que não, tantas angústias. As angústias, tanto como os anseios e as esperanças, também fazem parte da teia da vida e ajudam a compor os casulos onde nos nutrimos, nos fortalecemos e nos preparamos para o futuro que certamente virá, porque será construído por cada uma de nós.

Disse outro poeta que "tudo vale a pena se a alma não é pequena". Sei que não temos a alma pequena. Por isso, sei também que não será pequeno esse futuro que alcançaremos juntas, como juntas percorremos esse trecho do caminho.

Aprendemos, a duras penas, que os direitos não são dádivas, mas uma árdua conquista de cada dia. Sonho que as jovens crisálidas rompam os seus casulos e assumam plenamente a liberdade de suas asas abertas, pois só assim conquistarão o direito de voar. Para mim, será uma grande honra participar desse momento, como companheira de voo ou como testemunha, assim como foi um grande privilégio ter partilhado com todas e cada uma de vocês todos e cada um dos dias dessa jornada. Se não foi ainda o voo, foi o prenúncio do voo.

Do fundo do coração, o meu carinho e a minha mais pura gratidão.

10

CARTA ÀS MULHERES BRASILEIRAS

Não é mais tempo de amargura silenciosa. É hora de gritar, não apenas por nós, não apenas por nossos filhos, mas por um país inteiro, que, ele também, mergulhou numa espécie de não ser. E "não ser" é exatamente o contrário do que é, na sua essência, o ser mulher: vida, e vida em plenitude.

Não há dúvida de que nós, mulheres, somos mais sensíveis às coisas da vida. Pudera, a vida brota no interior de nós. Não importa se a mulher realiza ou não o dom natural da maternidade, porque todas nós, pela sensibilidade que nos é própria, fazemos do nosso coração uma acolhedora morada.

Porque a vida é o outro nome de todas as mulheres.

Apesar disso, e por muito tempo, a nossa vida, esse nosso outro nome, sofreu uma enorme mancha existencial.

Por muito tempo, a mulher teve de se sujeitar ao mando e à autorização do homem, para trabalhar, se casar e, até mesmo, para sair às ruas. Para a mulher, não havia apenas a falta de liberdade de ir e vir, o que já seria trágico; o que praticamente não existia para nós era a liberdade de ser. De quem ser.

A mulher teve de se submeter ao mando da sociedade, no que fazer, no aonde ir, no como se vestir. No como ser.

A mulher valia por um "preço de noiva" recebido pelo pai ou por um dote pago à família do noivo. De quanto ser.

O marido era o provedor da família, enquanto a mulher, "apenas" uma mera dona de casa. De não ser.

Submeteu-se à falta de liberdade de escolha dos comandantes dos destinos do país, do seu estado e do seu local, sem poder votar, nem ser votada. Um ser sem os direitos políticos mais fundamentais.

Ou seja, se a vida sempre foi o outro nome das mulheres, o nosso sobrenome, por muito tempo, foi submissão ao mando masculino.

Nas coisas dessa mesma vida, éramos, portanto, muito mais um "deixar de ser".

Muita coisa mudou, desde esse muito tempo, mas há, ainda, muito o que caminhar para alcançarmos os sonhos que moveram a luta das mulheres brasileiras que nos antecederam, muitas delas a custo de suas próprias vidas. O ser que somos hoje devemos muito a elas. Elas demarcaram os nossos caminhos.

A política brasileira ainda tem, além do timbre, o tom masculino. Não somos ainda sujeitos na política, enquanto, em muitos casos, ao contrário, nos fazem de objetos para preencher cotas nas candidaturas partidárias, não como uma policultura frutífera de um imenso pomar político, mas a monocultura de um laranjal eleitoreiro.

Por tudo isso, no coral da política, precisamos deixar de ser segunda voz. Sejamos sopranos, emprestemos o nosso nome à ópera da vida das mulheres. A nossa própria história nos ensina: quem não luta por seus direitos, dificilmente os verá respeitados.

O VOO DAS BORBOLETAS

Neste momento, os ventos da história nos empurram à luta. Nunca o Brasil precisou tanto das mulheres como agora. Da sensibilidade da mulher, porque é tempo de reconstrução – porque, também em imensa parcela pela luta das mulheres, nos livramos de um outro tempo, ele também, mas no pior de todos os sentidos, dos mais sensíveis da nossa própria história.

Nunca se viu tamanha divisão entre os brasileiros como nesse tempo que passou. Uma divisão que nos desconstruiu pelo ódio, que dividiu amigos, vizinhos e famílias. A nossa diversidade, até aqui a nossa maior riqueza, transmutou-se em motivo de desavenças, cujo sobrenome é dor e morte, não mais vida.

O Brasil contabilizou, no início de 2023, 33 milhões de brasileiros na dor pungente da fome e cinco milhões de crianças tentando dormir ao acalanto triste do ronco dos seus estômagos vazios e do choro triste de suas mães. Avançamos muito no ano que passou: segundo a Pesquisa Nacional por Amostra de Domicílios Contínua (PNADC), cerca de 24 milhões de brasileiros deixaram a condição degradante da insegurança alimentar e nutricional grave, ao final de 2023. Apesar desse avanço significativo, ainda há caminho a percorrer, até alcançar, enfim, o destino almejado, no qual nenhum brasileiro habite o mapa da fome.

No exato momento em que escrevo esta carta, desenhada certamente não por obra do acaso no Dia Nacional de Luta contra a Violência à Mulher, lembro-me da triste estatística divulgada pela imprensa brasileira de um feminicídio a cada seis horas, ou seja, mulheres mortas apenas pelo fato de serem mulheres. Enquanto permanecer este descalabro humano, nenhum sono, ou o sono de ninguém, poderá ser o sono dos justos.

Não é mais tempo de amargura silenciosa. É hora de gritar, não apenas por nós, não apenas por nossos filhos, mas por um país inteiro, que, ele também, mergulhou numa espécie de não ser. E "não ser" é exatamente o contrário do que é, na sua essência, o ser mulher: vida, e vida em plenitude.

E é por essa vida, essa vida em plenitude para todos os brasileiros, homens e mulheres, que devemos lutar. E é por isso que eu conclamo, nesta minha reflexão sobre todas nós, de todos os campos que traduzem a sensibilidade da vida, para que lutemos, juntas, rumo ao Brasil que desejamos para nós, os nossos filhos. Para o conjunto da nossa obra, ou da nossa ópera, os filhos do Brasil.

A terra brasileira é o ventre coletivo de todos nós. É desse ventre que viemos à luz. É por isso que cada uma de nós tem luz própria, embora alguns ainda prefiram o descaminho da escuridão. É essa nossa luz que deve nos orientar, agora.

Neste compromisso por um Brasil mais justo, cidadão, democrático e soberano, que o tempo, que sempre foi senhor da razão, seja agora, também, penhor da nossa emoção. Da emoção que nasce da sensibilidade das mulheres.

A mulher tem de ocupar todos os espaços da vida, e isso significa que estaremos, em todos esses espaços, fazendo política. E isso significa também que, qualquer que seja o dia em que uma mulher esteja lendo esta minha mensagem, que este seja, também, um Dia da Mulher, com tudo o que ele significa em termos de coragem e de luta.

Sejamos gestantes da boa política, para que possamos dar à luz um novo Brasil. O Brasil que queremos para os nossos filhos e os filhos dos nossos filhos.

11

MINISTÉRIO DO PLANEJAMENTO E ORÇAMENTO: UMA CARTA PARA O FUTURO DO BRASIL

Em cada canto por onde passei, ficou evidente o profundo desejo de participação ativa das mulheres na definição dos seus próprios destinos. E o que é mais importante: com vigor renovado, nos destinos coletivos, como é próprio da mulher.

Era antevéspera do Natal, mas o que o Brasil do anoitecer de 2022 aguardava era mesmo o amanhecer do ano novo, vestido de esperança renascida com a posse do governo eleito em 30 de outubro, depois de quatro anos de penumbra antidemocrática. Na carona do avião que levava o presidente Lula a São Paulo, recebi dele um envelope, com a recomendação de que eu passasse um feliz Natal com a família para que somente depois respondesse sobre o espaço que ele me confiava na montagem do novo governo.

Como já disse antes, eu havia deixado claro, em manifesto à nação brasileira, que o meu apoio ao único candidato que considerava verdadeiramente democrático a permanecer na disputa em segundo turno não correspondia a qualquer tipo de compensação. Quem me conhece sabe que sempre me posicionei contra o "toma lá, dá cá", fosse na liberação de recursos de emendas orçamentárias, fosse na indicação de nomes para compor o Executivo. Muito menos o meu. Minhas decisões de voto sempre se moldaram pelo interesse do país, nunca pelo do governo em curso. Eu apenas havia listado, no mesmo manifesto, cinco pontos que constavam do meu próprio plano de governo, que levei às ruas e defendi, publicamente, durante toda a minha campanha eleitoral. Pontos esses que o ainda candidato Lula prontamente incorporou à sua agenda política.

Aquele envelope não combinava com qualquer embalagem que pudesse ser depositada sob uma árvore de Natal particular, principalmente se a título de "amigo oculto". Ali não havia qualquer outro laço, a não ser o que nos unia, desde o primeiro momento: a democracia. E a democracia, como se sabe, não se faz no cumprimento de interesses individuais.

Não esperei o Natal, nem mesmo que a aeronave tocasse a pista de Congonhas. Abri o envelope durante os procedimentos de aterrissagem. Estava escrito: Ministério do Planejamento e Orçamento.

Com a mente já se preparando para a volta às salas de aula, onde eu já havia praticado, por um largo tempo, essa minha vocação primeira, aquele bilhete pesou em minhas mãos tal e qual uma tábua de mandamento. Por isso, confesso que a minha reação foi de incredulidade, porque jamais poderia imaginar o meu nome ser escolhido para ocupar lugar tão importante na composição da equipe econômica do novo governo. Ainda mais que, desde 1962, quando o Ministério do Planejamento foi criado pela primeira vez (nada mais nada menos que pelo economista Celso Furtado), apenas duas outras mulheres haviam ocupado aquela pasta: Yeda Crusius (1993) e Miriam Belchior (2011). No Ministério da Fazenda (ou da Economia), apenas uma: Zélia Cardoso de Melo (1990), e, nesse

O VOO DAS BORBOLETAS

caso, desde a vinda de D. João VI (1808). Significa que, no Brasil, as decisões sobre o gasto do dinheiro público também sempre foram uma tarefa tipicamente masculina (154 homens, no total). Também me veio à mente que, em matéria econômica, minhas posições sempre foram mais liberais que as do PT, partido do presidente e do ministro da Fazenda, Fernando Haddad, já indicado, naquele momento. Nunca escondi, por exemplo, a minha tese de que o Estado deve permanecer, diretamente, apenas nas questões verdadeiramente coletivas, como saúde, educação, segurança pública, e naquelas de interesse estratégico na construção e na preservação, não somente da nossa economia. Que os demais serviços e empresas, ora podem ser privatizados, ora devem contar com investimentos público-privados.

Imaginei, ainda, que a intenção do presidente Lula teria sido a de construir um possível, e salutar, contraditório, e para que a minha experiência pudesse fazer que o "economês", linguagem de compreensão limitada, fosse traduzido numa linguagem política de alcance coletivo.

Sabedora da importância do convite e do espaço que o presidente havia me reservado na composição do seu governo, ainda assim, não respondi de imediato. Segui o seu conselho e passei o Natal com a família. Aquela convivência me reforçou, ainda mais, a ideia de seguir outros caminhos, desde que eles me propiciassem maior frequência de encontros como aquele. Minha vida política sempre foi pautada pela busca de ganhos coletivos, mas nunca deixando de lado as preocupações com as perdas individuais causadas pelas minhas ausências familiares. Mas veio exatamente da família o sopro para que eu reavaliasse minha decisão. Logo após o Natal, Eduardo, meu marido e companheiro de todos os momentos, ao me levar ao aeroporto de Campo Grande, em mais um retorno a Brasília, olhou firme nos meus olhos e me disse, textualmente: "Você, que ficou em terceiro lugar nas eleições e representou uma frente ampla, cujos posicionamentos serão ainda de tamanha importância para o Brasil, acha que sua missão já está inteiramente cumprida?". Pelo tom de voz, a pergunta carregava, em si, uma indicação de resposta negativa.

Aquelas palavras me acompanharam, durante o voo. E se somaram a outras, ditas em 2001, exatamente por quem me deixou o legado político a que agora procuro dar continuidade: o meu pai. Como dito anteriormente, ele também teve um momento de profunda reflexão, quando deixou o Ministério da Integração Nacional para concorrer à presidência do Senado Federal, em um momento de profunda crise institucional daquela Casa. Não lhe era comum aquele silêncio, aquela impaciência, aquela perda de sono, naquele final de semana, igualmente em Campo Grande. Também no momento de seguir para o aeroporto, ele disse à família: "Eu vou enfrentar o desafio: vou concorrer à presidência do Senado". Lembrei-me, então, das suas palavras, dirigidas a mim, e também textuais: "Minha filha, não se diz não a um presidente democraticamente eleito, salvo se o pedido não for republicano."

Minha aceitação foi o resultado da soma de todas aquelas palavras. Minha missão ainda não estava inteiramente cumprida, e não se diz não a um pedido político republicano, feito por um presidente democraticamente eleito.

Agora, já no cumprimento da minha missão, é possível perceber que o presidente Lula foi ainda mais além: aquele envelope continha a decisão de reconstruir o Planejamento. Aquele bilhete era, na verdade, uma determinação para que eu me incumbisse da elaboração de uma espécie de "carta náutica", para que o Brasil pudesse sair das turbulências de um (des)governo sem rumo prestes a se despedir.

O VOO DAS BORBOLETAS

Aquele envelope, a partir daquele momento uma "carta aberta", tinha como verdadeiro destinatário o futuro do Brasil.

Mal sabia eu que aquele futuro se impôs ao presente com a urgência que os brasileiros e brasileiras aguardavam. Não ficou abandonado nas gavetas. Em um ano, vi, por exemplo, uma de minhas propostas ser transformada em lei após décadas de debate em nosso país. Como lembrado anteriormente, mulheres e homens que exercem as mesmas funções finalmente têm agora o direito à igualdade salarial. Aquele alcance coletivo foi devidamente atingido por representar o que é mais justo para todas nós.

Durante quatro anos, o planejamento foi uma carta fora do vocabulário, descartada da Administração Pública desde o primeiro ato do presidente anterior. E isso foi preocupante porque, sem plano, não há visão de futuro. Sem visão de futuro, não há credibilidade. Sem credibilidade, não há investimento. Sem investimento, não há geração de emprego. Sem geração de emprego, não há distribuição de renda. Sem distribuição de renda, permaneceremos no meio-fio das desigualdades sociais em todo o planeta. Mantidas essas desigualdades, não conseguiríamos navegar para fora do Mapa da Fome? Jamais chegaríamos a um "porto seguro".

No governo anterior, faltaram elementos para a geração de efeitos multiplicadores do bem. Não havia espaço para eles, porque os vazios deixados pela falta do bem foram, prontamente, ocupados pelos multiplicadores do mal, principalmente por *fake news*, divulgadas e multiplicadas nas redes sociais.

Todas as pessoas têm um plano de vida que vai além do curtíssimo prazo, do ano, do mês, do dia, da hora, do momento. É por isso que trabalhamos, é por isso que estudamos. É por isso que nossos filhos vão à escola, que incentivamos suas profissões, de acordo com as habilidades e as aspirações de cada um. É para isso que temos e administramos nossos orçamentos.

Um país é como uma família ampliada, que cresce, se desenvolve, que planeja a partir da definição de prioridades, que custeia o presente e investe no futuro e que, para tudo isso, também administra seu orçamento. E que não cuida, apenas, do que é possível realizar com os quantitativos, quase sempre escassos, do orçamento doméstico, porque ela também tem de se preocupar com a qualidade do gasto.

O Brasil já teve plano de metas, planos nacionais de desenvolvimento, programas de aceleração do crescimento ou outras nomenclaturas que se tenha dado a conjuntos de metas e estratégias articuladas para fazer cumprir objetivos de desenvolvimento de curto, médio e longo prazos.

No último governo, vingou a miopia, ou a falta de visão além do imediatismo. Sem planejamento, foi um tal de cada um por si e um governo para poucos. Isso teve rebatimento em todos os segmentos da vida coletiva. Na política, em especial. A falta de planejamento provocou a burla do orçamento, como se os "filhos" da política saíssem por aí disputando gastos com o cartão de débito coberto por recursos depositados pelo povo. Cada um em busca do seu naco para dispêndios nem sempre necessários à "vida familiar". Em inúmeros casos, o contrário: gastos desnecessários, secretos, obscuros, superfaturados, corrompidos. Nesses casos, o futuro é sempre a próxima eleição. Ou a reeleição.

Gastando mal e sem planejamento, o objetivo apenas imediatista fez minguar o financiamento para o conhecimento (educação, cultura, ciência e tecnologia), necessário para construir o futuro da "família ampliada"; e até mesmo para a saúde, a assistência social, imprescindível para prover as necessidades do tempo presente. Cortou-se o financiamento para o saneamento, a infraestrutura; tudo isso, muitas vezes, para o desvio de recursos por meio de emendas secretas, para os "tratoraços" e para a compra de consciências nas votações de interesses nem sempre republicanos.

Criou-se, à época, e como consequência, a máxima de que as atividades de planejamento deveriam ser atreladas a um "órgão técnico", tratado como apêndice quantitativo, um "puxadinho" ou, ainda, uma espécie de "curral da Fazenda", quando, na verdade, ele, o planejamento, deve ser o ponto de encontro da política pública. É por isso que ele tem de se constituir em um (bom) instrumento de política. Diria que política e planejamento são paralelas que se encontram no desenvolvimento do país. A boa política dá o tom do planejamento, porque é ela que reflete os anseios legítimos da população. À falta de planejamento, e sem a participação popular, vinga a má política, porque ela corre solta e sem o controle da sociedade.

Veio daí a ideia, a concepção e, agora, a prática do "planejamento participativo": o povo como sujeito da construção da sua própria história, não mais como mero objeto. O povo no acompanhamento da realização da obra pública como ela deve ser: uma espécie de "casa própria" onde ele vai viver, em família, a plenitude da sua cidadania.

A determinação do presidente Lula, desde o primeiro dia do seu governo, foi a de que o Ministério do Planejamento e Orçamento seja o corredor de passagem entre o sonho e a realização. Do sonho da comida na mesa de todas as famílias, à realidade do fim da fome; do sonho de ganhar o pão com o suor do próprio rosto, à realidade do emprego; do sonho de ter um teto para abrigar a família, à realidade da moradia digna; do sonho de todas as crianças e jovens na escola, à realidade de uma educação inclusiva e de qualidade;

do sonho de união e reconstrução, à realidade de um Brasil unido e reconstruído na essência do processo civilizatório.

Para que esses sonhos sejam realizados em plenitude, o planejamento tem de ser, verdadeiramente, democrático, e não uma carta de dádivas, quando resta ao beneficiário, apenas, o ato de agradecer pelo que, na verdade, lhe é um direito. Por isso, o MPO, sob a minha gestão, deixou de lado o ditado a partir dos gabinetes e deu lugar ao diálogo da participação direta da população. Cada brasileiro pode agora participar da definição de prioridades quanto à sua vida e ao seu meio, para que ele se sinta, de fato, um cidadão.

Essa é, portanto, a essência do nosso planejamento, para que ele seja um modelo de plantio de ideias próprio de um governo democrático: de todos, com todos e para todos, não mais de poucos, com poucos e, como antes, para poucos, e agora tendo o cidadão como artífice da construção da sua própria história e da do nosso país. É por isso que ele, o cidadão, agora é chamado, não apenas para ouvir, mas para falar, para expressar seus anseios e para participar da definição das ações públicas para os próximos anos, por meio do Plano Plurianual (PPA) mais participativo da história do Brasil, porque ele também é digital.

O planejamento participativo me deu a oportunidade de percorrer, pela segunda vez em menos de um ano, todo o território brasileiro (a primeira vez foi durante a minha campanha à Presidência). Como na canção divinamente entoada pelo mestre Milton Nascimento, fui aonde o povo está, "com a alma repleta de chão". Nessas minhas andanças de muitos "encontros e despedidas", pude testemunhar a riqueza da nossa diversidade. Confirmei, a olho vestido de esperança, que, apesar de nossas diferenças, somos um país único. Múltiplas fisionomias, diferentes sotaques, uma só língua, um só país.

O VOO DAS BORBOLETAS

Em cada canto que passei, ficou evidente o profundo desejo de participação ativa das mulheres na definição dos seus próprios destinos. E o que é mais importante: com vigor renovado, nos destinos coletivos, como é próprio da mulher.

Isso me transportava, reiteradamente, aos meus tempos de prefeita da minha cidade. Nas nossas discussões sobre os problemas comunitários (do bairro, da rua, da escola, das unidades de saúde, entre outros), a presença feminina era marcante. E o que me impressionava era o pensamento coletivo das mulheres, em cada uma dessas questões. Sofridas na singularidade de cada uma, mas que conjugavam os verbos na primeira pessoa do plural. "Nós", e não "eu". Demonstração clara de que a solidariedade é, também, uma marca indelével das mulheres. Estava presente, no rosto de cada uma, o sentimento de cidadania, principalmente quando elas recebiam as chaves da casa própria. Aqueles rostos se transmutavam, porque também ali se desenhava, não raramente com traços de rugas, o sentido coletivo de família. Não somente tijolos, argamassa e telhas: era um lar no seu sentido mais amplo, do "fazer parte", do "pertencimento". O contrário era o relento, também em todos os seus possíveis sentidos, em especial na falta da presença do estado, da política pública e do consequente direito à cidadania.

Mas essa viagem no tempo também me permitiu vislumbrar outras diferenças. E a principal delas foi que, não mais como antes, as mulheres agora expressam, claramente, o desejo de ocupar, politicamente, os espaços que lhes são devidos. Não mais somente na rua e no bairro: houve uma ampliação daquele "fazer parte". A participação fez escola. Não foi à toa que as mulheres foram sempre maioria nos nossos eventos do planejamento participativo. O timbre feminino se fez presente. No encaminhamento de propostas, elas alcançaram mais de 60%.

As vozes das mulheres brasileiras clamam por condições dignas para o trabalho, para a moradia, para a vida. Movimentos pelo combate à violência contra a mulher estiveram representados em todas as plenárias. Lembro-me, especialmente, do clamor de uma jovem, em Aparecida de Goiânia/GO, que expunha marcas da violência em seu corpo e sustentava que, para trabalhar, é preciso antes estar viva. No Norte, a agricultora mulher que demandava a regularização fundiária para ter o seu próprio chão, deitar sementes e produzir o sustento das famílias. Tocou-me, no que possa haver de mais profundo do meu ser, o abraço e o relato emocionado de uma jovem de Curitiba/PR que, em um momento limite de desencanto com a própria existência, buscou energias para abrir as últimas mensagens recebidas no seu celular, e lá encontrou um dos meus vídeos, segundo ela pleno de inspiração, força e coragem para continuar na sua luta pela plenitude da vida. Aquele foi um dos meus momentos mais reveladores de que tudo vale a pena. As mulheres também verbalizaram demandas por educação para os filhos do Brasil: creches e universidades, mas que igualmente anseiam pela sua própria capacitação e profissionalização, pela igualdade de oportunidades no mercado de trabalho e justiça remuneratória.

Para elas, a nova lei do PPA, esse novo planejamento, garantiu a transversalidade da mulher nas políticas públicas: medidas para o empoderamento econômico por meio do crédito, melhoria da saúde materna, mais capacitação para a agricultura familiar e mais acesso à tecnologia. Há ações, entregas e orçamento previstos para promoção de maior justiça social e igualdade de gênero e de raça. Trabalhamos, de forma pioneira, para contemplar a mulher em cada plano de governo. Qual não foi nossa surpresa quando países como a Alemanha, uma das maiores economias globais do planeta, teceram elogios à nossa proposta na

Organização das Nações Unidas (ONU). Se há paralelos no mundo, ainda desconhecemos.

Outro foco de nossa atenção tem sido as favelas. Ao lado da CUFA, do Data Favela e do IBGE, levamos recenseadores até as favelas brasileiras. Estive pessoalmente em Heliópolis, em São Paulo, para o lançamento do Favela no Mapa. Com esse esforço concentrado, de governo e sociedade civil, conseguimos incorporar ao Censo mais de 2 milhões de pessoas que vivem nesses territórios, completamente negligenciados pelo governo anterior. Vi quais são os gargalos de onde vivem e de como vivem. Porque é isto: planejar futuro é conhecer bem o presente. Tais perguntas gritam nos quatro cantos do Brasil: quantos somos enquanto favelas? Quantos somos enquanto quilombolas? Quantos somos enquanto indígenas? Quanto somos enquanto negros?

Colheremos esses frutos pela inclusão de cada parte constitutiva de nossa nação no Orçamento, conforme o planejado por este governo. Acompanharemos com o zelo e a atenção necessários seu amadurecimento, porque a execução deste planejamento será monitorada a partir de compromissos claros, objetivamente expressos por meio de metas desafiadoras e factíveis. O país que queremos nos próximos quatro anos está declarado e seguimos firmes na sua construção.

Sabemos que esse é um caminho em que muitas pedras ainda necessitarão ser removidas. Embora tenhamos hoje um mapa muito mais claro e mais realístico sobre as necessidades reais da população – traçado pelo planejamento participativo –, não se pode negar que a arte do planejamento também está vinculada ao ofício do orçamento, sabidamente escasso para tantas e tamanhas necessidades que se acumularam ao longo do tempo. Tantas e tamanhas que fizeram voltar, com ênfase ainda maior, o embate entre as políticas social, monetária e fiscal.

Para nós, do MPO, esse embate é falso. O planejamento tem de se portar como uma espécie de "clínico geral", aquele que sabe da importância de cada órgão do nosso corpo, e por isso mesmo pode e deve tratar de cada um deles, especificamente, mas sempre compreendendo as relações entre eles, numa visão horizontal do todo. É por isso que o planejamento é, também, uma reta formada pelos pontos de encontro de todos os elementos da política social, porque toda política implementada com dinheiro público, independentemente do segmento a ser contemplado, é, ou tem de ser, por definição, social, coletiva, como bem demonstraram as mulheres.

Somos um Ministério que cuida da convivência pacífica entre o "querer" do planejamento e o "poder" do orçamento. Por isso, planejamento e orçamento ocupam salas conjugadas no nosso Ministério, tendo sempre aberta a porta que as une, com o firme propósito no sentido de que jamais estaremos aquém do limite do possível na transformação do querer em poder.

Não fosse assim, deixaria de ser um governo do povo, para o povo e com o povo. O planejamento não pode se constituir numa "escolha de Sofia". Ele deve se mover pela integralidade da cidadania. O "pão de cada dia" deve englobar "a educação, a saúde, o trabalho, o lazer, a segurança, a previdência social, a proteção à maternidade e à infância, a assistência aos desamparados", tudo isso não por acaso escrito entre aspas, por se tratar de citação literal "dos direitos sociais", esculpidos no Art. 6º da nossa Constituição, chamada Cidadã.

Para o cumprimento dessa ação de cidadania, o Planejamento não tem a irmandade do Orçamento no título do Ministério por concepção do acaso. Dentre as definições de Economia, é comum dizer que ela é a "ciência da escassez". Ou da "maximização dos recursos escassos". É daí que vem à tona a tão cobrada responsabilidade fiscal. O recurso público é, também, escasso.

A política entra nesse cenário para resolver os problemas que ela mesma criou, trazendo consigo a necessidade de uma análise profunda dos motivos que levam ao tamanho e à composição da escassez. Antes de qualquer reflexão mais aprofundada, posso dizer que não faltam recursos para que o Brasil promova uma política social muito mais abrangente do que a herdada pelo governo Lula.

Vem daí a minha afirmativa reiterada de que o Brasil arrecada muito e mal, mas que gasta pior ainda. Arrecada muito e mal, e essa sempre foi a principal justificativa da minha defesa incondicional de uma reforma tributária, sem necessidade de aumentar impostos. O que o Brasil necessita é de justiça tributária. Não é justo, por exemplo, que a população mais pobre seja a que, relativamente, pague mais tributos que a população mais abastada. Reverter a regressividade tributária atual do nosso sistema de arrecadação não deixa de ser uma política social das mais importantes. O mesmo pãozinho nosso de cada dia, tanto no sentido literal como ampliado, carrega em si impostos indiretos que são da mesma monta tanto para o miserável, que lhe dói quando o compra contando suas escassas moedinhas angariadas no sinal de trânsito, quanto para o milionário, para quem o mesmo valor faz cócegas "no débito" ou "no crédito" de suas polpudas contas bancárias recheadas, muitas vezes, por receitas totalmente isentas de qualquer tributação.

Depois de três décadas de muitas idas e de poucas vindas, finalmente uma proposta robusta de Reforma Tributária caminhou no Congresso Nacional.

Democraticamente, essa reforma nos provou ser possível ouvir vozes de todas as regiões, setores e níveis de governo quando o interesse é do povo. Foi assim que construímos, a muitas mãos, a reforma que simplifica, desburocratiza, combate a regressividade e a cumulatividade, enquanto reequilibra o pacto federativo e garante eficiência, produtividade, emprego e renda para a sociedade brasileira. Ao reduzir o custo de produção da indústria e a carga tributária sobre o consumo – hoje, pouco transparentes e mais nocivos aos mais pobres – foram criadas condições para um sistema mais moderno e justo, capaz de eliminar distorções entre setores, aumentar a segurança jurídica e atrair mais investimentos. Crucial para a justiça social que buscamos, a justiça tributária será ainda mais sentida pelas mulheres brasileiras. Se, por um lado, elas assumem cada vez mais as chefias de família, por outro, também são elas que enfrentam o maior índice de desemprego no país e seguem ganhando menos do que eles. Em tempos de crise, são as mulheres as primeiras a serem demitidas e as últimas a serem contratadas. Mais endividadas, são elas ainda as grandes responsáveis por levar comida à mesa, por comprar medicamentos e por cuidar dos idosos. Assim, além do emprego, a reforma terá outro impacto indireto para as mulheres, enquanto também focaliza benefícios como: o *cashback* (devolução dos impostos pagos) na conta de luz e gás de cozinha para famílias mais vulneráveis e a isenção de tributos da cesta básica nacional (agora mais seletiva, além de saudável e regional). Mãe de todas as reformas, o novo sistema tributário vem pavimentar um futuro mais digno para todos.

Repito: além de, no modelo tributário vigente até aqui, o Brasil arrecadar mal, ele gasta pior ainda, porque não avalia, com a devida profundidade, a qualidade do gasto público. Também como exemplo, se os bilhões de recursos deixados de ser arrecadados a título de benefícios fiscais e de isenções constituem-se, de fato, em políticas públicas (ou políticas sociais), ou se eles contribuem, mais ainda, para fortalecer as nossas desigualdades sociais. Não sou

O VOO DAS BORBOLETAS

contra, dogmaticamente, esses incentivos, mas é preciso saber que eles carregam em si o custo de oportunidade da escassez de recursos para a política social, coletiva. Se eles estão chegando, diretamente, ao público a que se destinam, e não ao privado que os desvia de seus propósitos. Isso, sem contar a má gestão, a sonegação, a corrupção e outros mecanismos de fuga tributária que levaram, por exemplo, o contencioso tributário (administrativo e judicial) a ultrapassar os R$ 5 trilhões.

Também gasta muito mal pelas obras públicas paralisadas. São escolas, creches, hospitais, pontes, viadutos em estágios diferenciados de deterioração, espalhados por todo o país, em muitos casos mais custosos para a continuidade das obras do que se elas fossem iniciadas agora.

Gasta muito mal também em outros desperdícios. É o caso dos milhões de vacinas e de outros medicamentos necessários à saúde pública que foram lançados ao lixo, por ultrapassarem o prazo de validade. É o caso das toneladas de alimentos que jorram nas estradas deterioradas por falta de manutenção, os mesmos alimentos que faltam na mesa da população.

É nesse sentido que o Ministério do Planejamento e Orçamento criou uma área específica para cuidar do gasto público. O Orçamento não pode se constituir, no MPO, em mera etapa quantitativa do Planejamento. A qualidade do gasto público é fundamental, até mesmo como avaliação em processo e, portanto, como retroalimentação do ato de planejar.

Criamos a Secretaria de Monitoramento e Avaliação de Políticas Públicas e Assuntos Econômicos (SMA), que tem como uma de suas missões avaliar gastos diretos e os subsídios da União. O equivalente a mais de R$ 1 trilhão já foi escrutinado pela Secretaria. Mas isso é insuficiente. Avaliar é preciso, mas transformar a política pública a partir do conhecimento gerado pela avaliação é o desafio. E foi por isso que a SMA passou a trazer os gestores públicos responsáveis pelas políticas públicas para dentro da prática avaliativa. Eles têm participado, junto dos técnicos do Ministério, da definição do escopo do que é avaliado, gerando consensos e adesão, uma vez que os resultados da avaliação ficam prontos, na implantação das recomendações para o aperfeiçoamento das políticas.

O ano de 2023 não poderia ter terminado de forma mais simbólica para mim. Durante a Cúpula dos países do Mercosul (Brasil, Argentina, Uruguai, Paraguai e Bolívia), o presidente Lula pediu que eu apresentasse aos líderes desses cinco países de nosso continente, bem como aos presidentes dos bancos multilaterais, a nossa agenda de integração sul-americana. Trata-se de outra área fundamental que o nosso MPO resgatou nesta reconstrução: devemos nos integrar com nossos vizinhos. É o que demanda a nossa Constituição. É, afinal, um dever civilizatório e histórico, que também estava abandonado nos últimos quatro anos. Pois no MPO, em 2023, nós fizemos um exercício de escuta ativa dos 11 Estados de fronteira do nosso país com a América do Sul (Amapá, Pará, Roraima, Amazonas, Acre, Rondônia, Mato Grosso, Mato Grosso do Sul, Paraná, Santa Catarina e Rio Grande do Sul) e buscamos, junto deles, o que precisava ser feito para dinamizar essa relação com os países do nosso continente. Construímos, então, um mapa do Brasil com cinco rotas de integração do nosso país com os vizinhos.

Como mulher de fronteira, conheço os desafios que estão colocados e sei da riqueza potencial que há nessa troca com os países: são laços culturais, são usos e costumes compartilhados, além, é claro, de produtos e serviços. É a união entre a economia e a cultura, com um único objetivo: diminuir a desigualdade regional do

Brasil, gerando emprego e renda; e da América do Sul, levando, também, novas oportunidades de trabalho e desenvolvimento para todos os países.

Por tudo isso, guardo, com a mesma sensibilidade que brota no coração de todas as mulheres brasileiras, a lembrança daquele envelope que me foi entregue pelo presidente. Com elas, desenho a "carta náutica" para a nossa viagem, sem mais turbulências, ao futuro do Brasil, ao país que desejamos, para nós, os nossos filhos e os filhos dos nossos filhos. Ao final de cada jornada, coloco ali as realizações do dia e as aspirações do amanhã, como que num encontro entre intenção e gesto. Entre o planejamento e a sua realização. Entre o país que temos e o Brasil que queremos.

"É preciso ter sonho, sempre", também como na bela canção. De minha parte, levo sempre comigo, o que é comum entre as mulheres – "Marias, Marias" –, "a estranha mania de ter fé na vida".

12

DECÁLOGO DA
(E PARA A) MULHER

1. A mulher tem de se reconhecer como um ser político por excelência. Para que possamos lutar contra o retrocesso civilizatório marcado pela discriminação, é preciso que a mulher participe da vida política, porque ela é, no seu dia a dia, um ser político. É assim ao criar os filhos e ao administrar o orçamento doméstico, em um ambiente de escassez. Na sua essência, a mulher já nasce vocacionada para a política. Ainda que ela trilhe outros caminhos, como no meu caso a advocacia e as salas de aula, a política sempre lhe será companheira interior, que pode (e deve) ganhar asas com o tempo. Não nego que, nestes nossos tempos, os voos políticos têm sido uma opção um tanto quanto indigesta. Todavia, é este exatamente o momento em que a política necessita da sensibilidade das mulheres.

2. A mulher tem de ocupar o seu lugar nos espaços públicos. Fora desse mundo coletivo, pode vingar o vazio. Esse vazio é sempre preenchido, mas nem sempre pelo que realmente necessitamos para avançar. Que as mulheres reflitam sobre isso, independentemente da idade e do lugar onde moram. Talvez esteja aí a terra mais fértil para que possamos cultivar a nossa semente de mudança. Pode ser numa associação comunitária, em um grupo de mães da escola, em um centro acadêmico, numa reunião por moradia digna e por aí vai. Nesse caminho, a mulher, obviamente, vai precisar de algumas ferramentas de convencimento porque, para ser reconhecida na política, para ser colocada em pé de igualdade com seus pares, ela ainda tem, infelizmente, que ser melhor que o homem. Esse é o momento de se filiar a um partido, lembrando que ela não vai achar nenhum perfeito e aderente 100% às suas propostas. Uma vez filiada, os obstáculos vão surgir, levando-a à arena das negociações. Nessas horas, ela vai usar aqueles traços de personalidade que a projetaram lá atrás. Se ela se reconhecer como corajosa, que não tem de aceitar violência política, ela será ouvida e respeitada. Por isso é que lanço um desafio às mulheres brasileiras: o mundo da política é, na sua melhor essência, seu. Não abram mão dele.

3. **A mulher tem de adotar a opção preferencial pela união de forças.** Vem de longe o provérbio "Quer ir rápido, vá sozinho. Quer ir longe, vá acompanhado". É a ação coletiva que agrega energias e remove barreiras. Eu percebo que as mulheres já têm essa noção de que batalhas serão perdidas se elas caminharem sozinhas. Uma mulher puxa a outra. Já passamos do tempo, não custa lembrar, em que mulher não votava em mulher, movida pelo entendimento errôneo de que "ela não vai dar conta". Hoje, mulher não somente vota em mulher, como também é votada e eleita, cada vez em maior número. Dou o exemplo de mulheres das mais diversas regiões do Brasil que

só conseguem sustentar suas famílias porque estão ao lado de outras mulheres, dentro de uma cooperativa, de uma associação, para comercialização de produtos muitas vezes extraídos de seus próprios quintais. Da mesma forma, se no exercício de um mandato político, os obstáculos podem ser mais facilmente superados quando estamos dentro de uma bancada. Foi visível, por exemplo, a relevância da criação da Bancada Feminina do Senado Federal (da qual tive a honra de ser a primeira líder) na defesa dos interesses das mulheres. Isso também mostra a importância das mulheres nos legislativos, em todos os níveis. Já caminhamos muito nessa direção, mas há, ainda, uma enorme trilha a ser percorrida. Um caminho árduo que, para as mulheres, é coalhado por barreiras que, quando elas caminham sozinhas, são de difícil transposição. Surrada e batida, mas sempre importante, a expressão "a união faz a força". Vem do poeta que "o caminho se faz ao caminhar". Se as mulheres hoje caminham, muitas vezes é porque, antes, outras mulheres passaram por ali, juntas, de braços dados, abrindo caminhos.

4. A independência econômica e financeira é crucial para que a mulher possa conquistar o seu devido espaço. Não se trata, "apenas", de uma questão quantitativa. A entrada da mulher no mundo do trabalho deu a ela condições e espaços no mundo da política. Ela deixou o espaço restrito da casa e passou a ocupar os lugares coletivos, onde a discussão, o debate e, consequentemente, a política são mais frequentes. A autonomia econômica e financeira também tem o condão de romper o ciclo da violência doméstica. Uma mulher autônoma, após ser agredida, deixa de conviver com a dor e a humilhação, suportadas muitas vezes em nome da esperança, nem sempre possível, de união da família. Agasalhada pela bandeira da autonomia, ela realinha seus destinos. A independência econômica é uma bandeira que agasalha todas as mulheres. Fazer sua defesa é fortalecer o campo político das mulheres. Mas essa autonomia também enfrenta outras barreiras. Uma delas acaba de ser transposta, pelo menos do ponto de vista legal, com a sanção da lei, pelo presidente Lula (a melhor fiscalização, também constante da lei, vai determinar a sua efetiva implementação): a de que as mulheres, exercendo a mesma função que os homens, não podem receber salários menores.

5. **A mulher não pode perder oportunidades de aprender e agregar conhecimento.** Infelizmente, e isso deve constar da nossa agenda por mudança porque, apesar de as mulheres brasileiras se constituírem na maioria dos professores e dos estudantes, elas ainda têm de se mostrar mais no saber, para uma régua geral de conduta eminentemente machista que teima em fazê-las menos. Daí, a necessidade das mulheres na agregação do conhecimento, por meio de leitura, cursos, participação em eventos, seminários e palestras, troca de experiências, tudo isso visando ao "delta" necessário, sempre levando em conta − reitero para ser enfática − a necessidade, que ainda nos ronda e incomoda, de termos que demonstrar a nossa competência, como que numa constante defesa de tese.

6. **A mulher não pode perder o seu natural sentimento de indignação.** A maior sensibilidade às coisas da vida não pode, jamais, significar fragilidade. O que sempre me moveu foi a indignação, em especial contra a discriminação, independentemente de

contra quem ou o quê. Foi a indignação que me deu coragem para entrar no mundo da política. Só que essa entrada nem sempre se deu por meio de vitórias. É aqui que destaco um outro componente, presente também na vida política da mulher: as derrotas, que devem ser enfrentadas com sabedoria para transformá-las em conquistas, desde que estejamos do lado certo da história. Digo isso para reforçar que o voo político das mulheres tem traçados turbulentos, contra os quais é preciso agir com perseverança. Não me canso de repetir que as vezes em que perdi foram aquelas em que mais ganhei. E que a emoção, naturalmente mais profunda em nós, mulheres, não pode prescindir da indignação, sempre que necessária.

7. A mulher tem de exercitar a opção preferencial pelo diálogo. Diálogo significa interação, conversa entre pessoas em busca de um objetivo comum. As mulheres se submeteram, por muito tempo, ao monólogo masculino. Não significa que, agora, elas devam inverter os papéis. Dois monólogos não necessariamente formam um diálogo. Ainda que divergentes nas opiniões, duas pessoas podem alcançar o consenso. O contrário é a polarização exacerbada. E, isso, todos nós, mulheres e homens, não queremos ver de novo. Vivemos um tempo em que o argumento perdeu espaço. É sempre bom ouvir os argumentos das partes, porque é dessa soma que se forma um todo. Na ocupação de espaços que lhes foram negados, as mulheres não podem desejar o absoluto como mera compensação pelo tempo perdido durante gerações. A convivência harmônica e saudável vem do "e", não do "ou". Mulheres e homens, no mesmo caminho, e no mesmo passo, na construção do processo civilizatório.

8. O respeito às diferenças é fundamental na luta contra a discriminação. O mundo seria enfadonho se fôssemos absolutamente iguais. Mas ainda há muitos que se acham absolutos. Vêm daí todos os tipos de discriminação. A mulher pode quebrar essa atitude divisionista, pela sensibilidade que lhe é inerente, e exatamente por ter sido ela discriminada por gerações a fio. Recorro à figura de uma orquestra, em que sons tão diferentes compõem a harmonia. Na orquestra da vida, a história mostra que as mulheres sempre se posicionaram como excelentes maestrinas.

9. A ousadia e a coragem são essenciais na luta das mulheres por liberdade e igualdade. Aliás, ousadia e coragem são palavras sinônimas. O contrário da ousadia é o desânimo, a covardia. Da coragem, também. A mulher se define por esses sinônimos, nunca pelos contrários. Portanto, cabe a conclusão lógica de que mulher, ousadia e coragem se movem pela mesma essência, em busca do bem comum, apesar dos percalços da vida feminina, traduzidos por quem ainda prefere a misoginia, a discriminação e a violência contra a mulher. Por isso, a mulher não pode fugir à sua essência, quando é preciso enfrentar os percalços que se interpõem na caminhada de sua vida. E isso inclui argumentar, quando tentam confundi-la; impor-se, quando tentam desmoralizá-la; e denunciar, quando teimam em agredi-la.

10. Ética. Esse item dispensa maiores enunciados. A palavra basta. Ela dispensa adjetivos. É um substantivo concreto, não abstrato. Para mim, ética é uma palavra substantiva, concreta e feminina. Um dos seus significados é "maneira de ser". Portanto, ética é maneira de ser feminina. Não é à toa que pesquisas mostram (tenho o Google como testemunha e as aspas como defesa) que "as mulheres têm valores morais mais fortes que os homens". A ética não como uma matéria à parte, isolada, nas nossas vidas. Ela é transversal. Em nós, ela está em toda parte. Tal e qual se define o Criador. Continuemos assim. Melhor ainda, espalhemos a ética, por todas as partes.